복음은 광야에서 시작된다

Through the Eyes of Faith : How can we overcome temptation?

모든 인간은 하나님의 형상을 닮은 존엄한 존재입니다. 전 세계의 모든 사람들은 인종, 민족, 피부색, 문화, 언어에 관계없이 존귀합니다. 예영커뮤니케이션은 이러한 정신에 근거해 모든 인간이 존귀한 삶을 사는 데 필요한 지식과 문화를 예수 그리스도의 사랑으로 보급함으로써 우리가 속한 사회에 기여하고자 합니다.

국립중앙도서관 출판시도서목록(CIP)

복음은 광야에서 시작된다 / 지은이: 라영환.
. – 서울 : 예영커뮤니케이션, 2013
p. ; cm

ISBN 978-89-8350-840-9 03230 : ₩10,000

기독교 신앙생활[基督敎信仰生活]

234.8-KDC5
248.4-DDC21

CIP2013005342

복음은 광야에서 시작된다

초판 펴낸 날 · 2013년 5월 13일 | **초판1쇄 찍은 날** · 2013년 5월 17일
지은이 · 라영환 | **펴낸이** · 김승태
등록번호 · 제2-1349호(1992. 3. 31) | **펴낸 곳** · 예영커뮤니케이션
주소 · (136-825) 서울시 성북구 성북1동 179-56 | **홈페이지** www.jeyoung.com
출판사업부 · T. (02)766-8931 F. (02)766-8934 e-mail: jeyoungedit@chol.com
출판유통사업부 · T. (02)766-7912 F. (02)766-8934 e-mail: jeyoung@chol.com

Copyright ⓒ 2013, 라영환
ISBN 978-89-8350-840-9 (03230)

값 10,000원

* 잘못 만들어진 책은 교환해 드립니다.
* 본 저작물은 저작권법에 의하여 한국 내에서 보호를 받는 저작물이므로 무단 전재와 무단 복제를 금합니다.

복음은 광야에서 시작된다

라영환 지음

예영커뮤니케이션

재출간에 부쳐

　지도에는 발견된 길만 나온다. 지도에 없다고 길이 없는 것이 아니다. 단지 아직 발견되지 않았을 뿐이다. 많은 사람들이 길이 없다고 말한다. 길이 없으면 만들면서 나가면 된다.

　"문은 벽에다 내는 것이다."라는 말이 있다. 이 말은 '제2의 간디'로 불리던 인도의 사회개혁가인 비노바 바베Vinoba Bhave, 1895~1982라는 사람이 한 말이다. 비노바 바베는 단지 걷는 것만으로 세상을 바꿀 수 있다고 믿는 사람이었다. 그는 인도 독립 이후에 가난이라는 문제를 해결하기 위해서는 절대 지주들이 자신의 땅을 가난한 사람들에게 내어주어야 한다고 보았다. 그리고 인도 전역을 걸어다니며 "당신들의 땅 가운데 1/6을 가난한 사람들에게 내어주라."고 지주들을 설득하였다. 사람들은 걷는 것만으로 세상을 바꿀 수 있다고 믿는 그를 비웃었다. 그러나 그는 이십 년간 인도 전역을 걸어 다니며 스코틀랜드 정도의 땅을 지주들로부터 헌납 받아 가난한 사람들에게 나누어 줄 수 있었다. 그는 자신의 삶을 통해서 열리지 않는 꽉 막혀버린 인생의 벽 앞에서 좌절하는 사람들에게 열리지 않는다고 울고 있지만 말고 그 벽에 문을 내라고 말하고 있다.

그렇다. 문은 벽에다 내는 것이다. 벽이 없으면 문도 없는 것이다. 벽은 우리를 좌절하게 하는 것이 아니라 우리로 하여금 도약하게 하는 하나의 디딤돌임을 알아야 한다.

인생의 불확실성과 광야

누구에게나 인생은 광야이다. 광야는 끝이 보이지 않는 곳이다. 어디까지 왔는지 얼마나 가야 하는지, 그리고 제대로 가고 있는지 확인할 수 없는 곳, 바로 그곳이 광야이다. "나는 다 잘 될 거야!"라고 아무리 외쳐봐도 소용없는 곳, 내가 할 수 있는 것은 아무것도 없는, 나의 무능함이 여실히 드러나는 곳이기도 하다. 광야를 여행하는 사람들을 가장 힘들게 하는 것은 산을 오를 때처럼 내가 얼마나 왔는지 그리고 얼마만큼 더 가야 하는지 알 수 없다는 것이다. 산은 가야 할 방향이 분명하지만 광야는 그렇지 않다.

출애굽을 한 이스라엘 백성들이 가고자 하는 목적지가 어디였나? 가나안이었다. 목적지는 분명했다. 그런데 문제는 A에서 출발해서 B라는 지점에 도달하는 것은 분명한데 그 과정이 예측되지 않는다는 것에 있었다. 사람은 예측이 되지 않으면 불안감에 시달린다. 가나안은 목적지다. 이것은 변하지 않는다. 그런데 그 목적지를 향해서 가는 여정이 힘이 들게 느껴진다. 결과를 알고 있음에도 불구하고 그 과정이 힘이 들게 느껴지는 이유는 그 끝이 분명하지 않아서가 아니라 과정이 예측되지 않기 때문이다. 광야에서 헤매어 본 사람은 안다. 광야를 헤매는 사람에게 목적지에 대한 분명한 인식이 그다지 큰 도움이 되지 못한다. 소위 말하는 '목적이 이끄는 삶'이라는 구호는 광야에서는 커다란 도움이 되지 못한다. 이 광야를 통과하면 목적지가 분명히 있지만 얼마나 더 가야 하는지, 어디까지 왔는지 가늠할 수 없는 곳이 광야이다. 광야에는 길이 없다. 아니, 길이 보이지 않는다. 안내판도 없다. 불확실성, 나는 이것이 광야의 가장 커다란 특징이라고 생각한다. 광야는 예측이 되지 않는다. 그래서 힘이 든 것이다.

왜 하나님은 우리들에게 광야 길을 걸어가라고 하실까?

아마 우리들 가운데는 이제 막 광야로 들어섰거나, 광야 한복판에서 헤매다 물을 달라고 아우성을 치거나, 혹은 햇볕이 너무 뜨거워서 한복판에 대(大)자로 쓰러져 있는 사람들도 있을 것이다. 아니면 '하나님이 나를 정말 사랑하신다면 내가 이렇게 고통스러운데 항공기 좀 보내서 나를 목적지까지 옮겨 주시지 왜 나를 이 한복판에 내버려두신 거야? 어떻게 나를 이 밑도 끝도 없는 허허벌판에 처참히 버려두실 수가 있어? 나를 그렇게 사랑하신다면서…. 하나님이 무능한 것은 아니야?'라고 생각하는 사람들도 있을 것이다. 처음에는 기도도 하지만 점차 원망하는 마음도 들고 하나님의 뜻을 알 수 없어서 도중에 쓰러져서 일어나기 싫은 사람도 있을 것이다. "왜 하나님은 우리들에게 광야 길을 걸어가라고 하실까?"

성경에서 우리는 하나님께서 의도적으로 이스라엘 백성들을 광야로 인도하셨다는 사실을 발견하게 된다. 사실 출애굽 한 이스라엘 백성들이 해안(海岸)길을 따라서 가나안에 도착할 수도 있었다.

그런데 신명기 8장 2절 말씀은 우리들에게 하나님께서 그들을 해안길이 아닌 광야로 인도하셨다는 사실을 가르쳐 준다. "네 하나님 여호와께서 이 사십 년 동안에 너로 광야의 길을 걷게 하신 것을 기억하라."신 8:2a 왜 하나님께서 그들을 광야로 인도하셨을까? 모세는 하나님께서 자신들을 훈련시키기 위해 광야로 인도하셨다고 말하고 있다. "이는 너를 낮추시며 너를 시험하사 네 마음이 어떠한지 그 명령을 지키지 아니하는지 알게 하려 함이라."신 8:2b

도대체 무엇을 훈련시키기 위해서 하나님은 그들을 광야로 인도하셨을까? 그것은 이스라엘 백성들로 하여금 자신의 무능함을 깨닫게 하고 하나님을 의지하게 하기 위함이었다. 이것을 신명기 8장 3절은 이렇게 말한다.

> 너를 낮추시며 너로 주리게 하시며 또 너도 알지 못하며 네 열조도 알지 못하던 만나를 네게 먹이신 것은 사람이 떡으로만 사는 것이 아니요 여호와의 입으로 나오는 모든 말씀으로 사는 줄을 너희가 알게 하려 하심이니라.신 8:3

광야에 오기 전까지 그들은 사람이 떡으로만 살아갈 수 있다고 생각했다. 그들은 떡이면 다 된다고 생각했다. 떡이 있으면, 그래서 떡 때문에, 더 좋은 떡을 얻고자 다른 사람과 다투기도 하였다. 그런데 광야를 통과하면서 그들이 가지고 있었던 떡이 다 소진되자 그들은 깊은 절망에 빠지게 된다. 이러한 상황 속에서 그들이 할 수 있는 것이란 아무것도 없었다. 그리고 그 광야에서 그들은 인생이라고 하는 것이 내가 노력해서 되는 것이 아니라 하나님께서 도와주셔야 되는 것이라는 사실을 배웠다.

먹을 것이 떨어지자 기적이 일어났다

그런데 먹을 것이 떨어지는 그때부터 그들이 기적을 체험하기 시작하였다. 그들은 매일 만나와 메추라기를 먹었다. 뿐만 아니라 사십 년간 광야생활을 하는 동안 의복이 헤어지지도, 발이 부르트지도 않았다.신 8:4 사실 광야에 들어선 이후 가나안에 도달할 때까지 그들이 한 것은 아무것도 없었다. 다 하나님께서 해결해 주신 것이다. 바로 이러한 사실을 강조하는 표현이 "사람이 떡으로만 사는 것이 아니요 여호와의 입으로 나오는 모든 말씀으로 사는 줄을 너희가 알게 하려 하심이니라."신 8:3이다. 모세는 신명기 32장 46절과 47절에서 "하나님의 말씀은 헛것이 아니다. 그것은 생명이다."라고 함으로써 떡이 아닌 하나님의 말씀이 생명이라는 사실을 우리들에게 가르쳐 준다.

가나안이 젖과 꿀이 흐르는 땅이라고?

가나안 땅에 대한 모세의 설명은 이러한 사실을 더욱 더 분명하게 드러내 준다. 성경을 보면 가나안을 젖과 꿀이 흐르는 땅이라고 묘사한다. 그래서 많은 사람들이 가나안 땅은 비옥할 것이라고 생각한다.

그런데 신명기 11장 9절부터 11절을 보면 가나안 땅이 우리가 생각하는 것처럼 비옥한 땅이 아니라는 사실을 발견하게 된다.

"또 여호와께서 너희 열조에게 맹세하사 그와 그 후손에게 주리라고 하신 땅 곧 젖과 꿀이 흐르는 땅에서 너희 날이 장수하리라."신 11:9

9절은 하나님이 그들에게 약속하신 땅을 젖과 꿀이 흐르는 땅이라고 분명히 말씀하고 있다. 그런데 10절에 보면 "네가 들어가서 얻으려 하는 땅은 네가 나온 애굽 땅과 같지 아니하니 거기서는 너희가 파종한 후에 발로 물대기를 채소밭에 댐과 같이 하였거니와"라고 하심으로써 가나안 땅이 애굽 땅과 다르다고 말씀하고 있다. 어떻게 다른가? 9절에서 우리는 애굽은 물이 풍부한 곳임을 보게 된다. 그런데 10절에서 하나님은 그들이 들어갈 가나안 땅이 애굽 땅과 달리 비옥한 땅이 아니라 산과 골짜기의 땅이고 비를 흡수하는 땅, 즉 광야라고 말하고 있다.

하나님께서는 메마른 땅에 샘물이 나게 하시는 분이시다

왜 하나님은 산과 골짜기의 땅이며 또 비를 흡수하는 그 땅을 젖과 꿀이 흐르는 땅이라고 했을까? 여기에 비밀이 있다. 가나안 땅은 애굽 땅과 조건이 다르다. 물도 없는, 비가 와도 곧 흡수가 되는 산과 골짜기의 땅이다. 여기서 말하는 산을 나무가 많은 우리나라 산으로 착각해서는 안 된다. 이 산은 나무가 없는 광야의 언덕과 같은 것을 의미한다. 그런데 그렇게 척박한 곳이지만 하나님께서 돌보셔서 그 땅이 젖과 꿀이 흐르는 땅이 되는 것이다. 이것이 가나안의 의미이다. 신자가 살아가는 곳, 그곳은 옥토가 아니라 광야이다. 우리 하나님은 광야에 길을 내시고, 사막에 샘이 넘쳐흐르고 예쁜 꽃들이 피어나게 하시는 분이시다. 이것을 우리들에게 알려 주시기 위해서 하나님께서 우리를 광야로 인도하신 것이다. 하나님이 어떤 분인지, 하나님이 그들의 삶에 어떤 의미를 갖는지 가르쳐 주시기 위해서 그들을 광야로 인도하신 것이다.

신명기 32장 10절과 11절에서 모세는 다음과 같은 말을 함으로써 이것을 한 번 더 강조한다.

여호와께서 그를 황무지에서 짐승의 부르짖는 광야에서 만나시고 호위하시며 보호하시며 자기 눈동자같이 지키셨도다 마치 독수리가 그 보금자리를 어지럽게 하며 그 새끼를 너풀거리며 그 날개를 펴서 그 날개 위로 그것을 덮는 것같이 신 32:10-11

무슨 말인가? 독수리가 그 새끼에게 나는 훈련을 시키기 위해서 일부로 둥지에서 떨어뜨리고 땅에 닿기 전에 다시 그 날개로 받아 올리는 것과 같이, 하나님께서는 우리를 날게 하기 위해서 우리에게 광야라고 하는 고통을 주셨다는 것이다.

불확실한 곳에서 확신을 얻어낼 수 있는 곳이 광야이다

그러나 중요한 것은 하나님께서 그 광야에서 우리를 지켜 주시고 보호하셨다는 것이다. 그렇다. 우리를 향한 하나님의 부르심은 취소되지 않는다. 광야는 우리를 쓰러뜨리기 위해서 있는 것이 아니다. 오히려 우리들이 강해지게 하려고 있는 것이다. 애굽과 가나안 사이에 광야가 있다. 광야는 피할 길이 아니라 통과해야 할 길이다. 만약 광야를 통과하는 것이 우리의 삶이라고 한다면 피하려 하지 말고 오히려 기쁨으로 받아들여야 한다. 그리고 그 광야를 통해서 우리에게 주시고자 하시는 하나님의 뜻을 발견해야 한다. 불확실한 곳에서 확신을 얻어낼 수 있는 곳이 바로 광야이다.

문제에 직면했을 때 피해 가려고만 하지 말자. 그 문제의 한복판에서 내가 누구인지, 나를 지으신 분이 누구신지 한 번 더 확인하고 나아가자. 광야는 지금까지 나의 경험을 무의미하게 하는 곳이다. 바로 이곳에서 하나님께서는 우리들이 지금까지 던져보지 못했던 질문을 던지게 하심으로 써 우리들이 인생을 살아가는 데 있어서 정말로 중요한 것이 무엇인가를 교훈하고자 하신다.

이러한 면에 있어서 광야라고 하는 모티브는 성경을 이해하는 데 있어서, 특별히 그리스도인의 정체성과 관련하여 대단히 중요한 의미를 갖는다. 흥미로운 사실은 이 광야에서 예수님이 사십 일을 금식하셨고, 사단에게 시험을 받으셨다는 것이다. 예수님의 시험 사건이 광야와 같은 인생을 살아가는 우리들에게 가르치고자 하는 것은 무엇일까? 이 책은 바로 이러한 질문들에 대한 대답이다. 독자들이 이 책을 읽는 동안에 우리를 광야 길로 인도하신 하나님의 뜻을 발견하는 계기가 되었으면 한다.

이 책은 3년 전에 출판된 『광야에서 길을 찾다』를 재출판한 것이다. 이 책이 출간된 이후로 책을 찾는 꾸준한 요청이 있었음에도 불구하고 출판사가 문을 닫는 바람에 구할 수가 없어 안타까워하던 중 예영 커뮤니케이션에서 재출간을 해주시겠다고 하셨다. 사장死藏될 수 있었던 책이 다시 빛을 보게 해주신 김승태 사장님께 깊은 감사를 드린다.

추천의 글

나는 이 글을 읽으면서 라영환 교수의 삶과 이 책이 다르다고 느낀 적이 없었다. 그는 곤란한 질문을 피하지 않지만, 그렇다고 명쾌한 해답을 제시해 주지도 않는다. 우리가 알고 싶은 답의 많은 부분을 읽는 사람의 신앙고백으로 이어지도록 영적 여백을 남겨 놓는다. 그래서 의문에 대한 해답은 말씀과 삶이 만나는 자리에 가면 언제나 발견할 수 있다. 본문을 풀어가는 과정은 물 흐르듯 자연스러우면서도, 자기 고백의 통로를 따라 의문을 찾아가도록 만들었다. 예수님의 시험에 대한 신학적 가치가 갖는 의문을 강조하면서도 현실과의 연결을 현대적 사고와 언어를 통해서 삶의 적용으로 이어지게 만들었다.

이 글을 읽어가다 보면 의문이라는 기차를 타고 말씀이라는 본문의 터널을 지나 삶의 현장에 이르는 여행을 한 것처럼 느껴진다. 무언가 표현할 수 없는 뭉클함을 가슴에 가득 담고 현실 속에 이전과 다른 첫발을 내딛게 만들어 준다. 그래서 하나의 결론이 또 다른 출발점이 되게 한다. 라교수는 읽는 사람으로 하여금 무겁고 투박한 이론적 기둥을 언어의 예술과 진솔함의 붓으로 잘 그려놓은 한 폭의 풍경화처럼 따스하게 다가오게 만든다. 나는 이러한 라영환 교수가 참 좋다.

자신의 아픔과 갈등을 보이지 않는 가는 선으로 표현하여 사람들의 영혼 속에 감동으로 새겨가는 그는 삶이 무엇인지 아는 사람이다. 다양하지만 초점을 잃지 않고 본문이 말씀하시는 음성을 듣게 하는 이 책을 통해 우리는 인간 라영환 교수를 만날 수 있다. 그리고 이 책과 대화하고 있는 그를 통해 우리를 사랑하시는 하나님을 만날 수 있다. 독자들로 하여금 결론으로 한 계단씩 올라가게 만드는 통찰력은 신학에 근거한 설교가 무엇인지, 믿음에 기초한 삶이 무엇인지를 보여 주는 좋은 틀을 제공하고 있다.

김형준 목사(동안교회)

제가 사랑하고 존경하는 라영환 교수님의 책을 추천하는 일은 참으로 영광스러운 일입니다. 책을 읽고 있으면 평소 삶을 향한 진지함과 깊이가 해맑은 미소와 함께 어우러진 교수님의 목소리를 듣는 듯합니다. 글로 만들어진 책이 독자에게 필요한 유익을 준다는 것의 의미는 삶으로 이루어진 책이라는 감동과 더불어 생각과 행동에 변화를 불러일으킨다는 것입니다. 라영환 교수님의 책을 읽다보면 삶이라는 광대한 무대 앞에서 성경과 신앙으로 호흡하는 한 영혼의 울림을 통해 성경이라는 거울 앞에서 자신을 바라보는 시간을 갖게 합니다.

이 책은 예수님의 세 가지 시험에 근거하여 성경말씀에 대한 정교한 해석과 삶으로의 연결을 통해 오늘을 살아가는 신앙인들에게 바람직한 자세를 보여 줍니다. 청년들에게는 신앙 안에서 삶의 목표를 바르게 설정하는 데 도움이 될 것이며, 어려움에 처한 사람들에게는 주님 안에서 자신의 위치를 파악하고 일어서는 힘을 제공할 것입니다. 이 책은 어려움이라는 현실의 파도 속에서 시험 자체가 문제가 아니라 시험 가운데 누구를 보느냐가 더 중요하다는 사실을 일깨워 줍니다. 오직 하나님을 바라보는 곳에 삶의 진정한 의미와 해결이 있음을 발견하고 시대의 해답을 추구하는 삶이 아니라 하나님을 기대하는 삶으로의 전환을 추구하게 될 것입니다.

라영환 교수님은 이 책에서 특히 오늘날 성공신화를 향한 하나의 도약판으로 이용되는 기독교의 가르침을 배격하고 예수님이 걸어가신 광야의 길을 묵묵히 걸으면서도 하늘을 노래하는 신앙인의 영광과 당당함이 무엇인지 잘 노래하고 있습니다. 승리의 길이란 자신이 계획하는 지혜가 아니라 하나님의 말씀에 대한 순종이라는 주장에서 독자들은 오늘날 환영받지 못하는 '순종의 능력'이라는 말을 그대로 믿는 순전한 어리석음까지도 발견합니다. 그러나 이 책에 그려진 예수님을 생각할수록 저자의 부르짖음에 머리가 끄덕여지고 주님을 향해 마음을 정하는 자신을 발견할 것입니다.

이 책을 펼쳐든 당신은 현실이라는 무게를 호흡하는 사람들일 수도 있고, 말씀에 갈급한 영혼일 수도 있습니다. 어떤 목적으로 이 책을 읽더라도 나의 삶을 바라보는 눈이 새로워질 것이며 주님 앞에서 자신을 발견하고 당당하게 삶의 문제를 극복하는 새 힘을 얻게 될 것입니다. 하나님의 말씀인 성경이 시대가 직면한 문제와 개인의 문제를 해결하는 근본이라는 확신을 가지고 쓴 이 책을 통해 여러분은 광야 같은 세상에서 예수님 안에 있는 길을 찾게 될 것입니다.

류웅렬 교수(총신대학교신학대학원 설교학)

성경을 읽다가 한 구절에 붙잡히는 때가 있다. 마치 산에서 땅을 헤치다가 파도 파도 더 나아오는 광맥을 발견하는 것과 같다. 혹은 길을 잃고 숲 속을 헤매다가 계속해서 솟아나는 작은 옹달샘을 발견하는 것과 같다. 묵상하고 설교하고 캐어내고 또 캐어내도 아직도 그 밑으로 뻗어나간 광맥이 어디에까지 닿아 있는지 모르는 그런 구절이다. 라영환 교수는 광야에서 시험당한 예수의 모습에 깊이 붙잡혔다.

해석이란 모든 지평의 만남이다. 하나님과 그의 백성들의 역사와 예수 그리스도의 계시, 그리고 '나'라는 존재의 실존과 교회, 그리고 우리가 살고 있는 이 공동체와 세상이 모두 한 자리에서 만나는 것이다. 거기서 기도하고 묵상하며, 고민하며 고통하며, 선포되는 말씀이 나온다. 그의 글은 그런 '발견'의 결과이다. 설교란 이미 묻혀 있는 진리를 새로운 은혜로 꺼내는 것이다. 그런 점에서 그의 글은 매우 흥미롭다. 그의 해석에는 하나님 나라에 대한 강렬한 사랑이 있다. 타협할 수 없고, 반드시 드러내야 할 하나님 나라에 대한 열정이 배어 있다. 재미있고, 또 명확하게 길을 제시한다. 이 책을 읽는 독자들이 그 길, 예수의 길을 따라 함께 나서기를 진심으로 기원한다.

채영삼 교수(백석대학교 신약학)

라영환 박사의 예수님의 시험에 관한 책이 재출판됨을 대단히 기쁘게 생각한다. 조직신학자이면서 동시에 목회자인 저자는 활발한 학문 활동을 할 뿐만 아니라 지역교회에서 청년사역을 성공적으로 감당하고 있다.

라 박사는 이 책에서 예수께서 이 땅에 오셔서 사역을 시작하기 전에 받으셨던 시험들의 의미를 사려 깊게 탐구하고 있다. 메시아로서, 인간으로서 받으셨던 예수님의 시험의 의미를 조직신학자의 안목을 가지고 밝히고 있다. 이 책에는 본문의 의도를 중시하면서 그것을 어떻게 현장에 접목시킬까를 고민한 흔적이 가득하다. 개인의 삶과 체험에서 우러나오는 진솔한 고백들, 진지한 묵상에서 나온 예화와 적용, 사역의 현장에서 나오는 생생한 예화들은 독자들을 깊은 감동의 세계로 인도할 것이다.

조직신학자로서의 학문적 통찰력, 성경에 대한 폭넓은 이해는 그의 글에 무게감을 더하며 깊이를 더하고 있다. 아울러 시와 예술에 능한 저자의 안목은 감동을 더하고 있다. 나날이 혼탁해져 가는 이때, 이 책은 우리의 마음과 영혼을 정결케 하는 청량제 역할을 할 것이다. 이 책이 많이 읽혀져 하나님과 그의 말씀을 사랑하는 신실한 그리스도인들이 많이 나오기를 간절히 바란다.

김추성 교수(합동신학대학원 신약학)

요즘 우리는 온라인 시대에 살고 있다. 모든 것이 인터넷으로 이루어지고 있다. 상품구매는 물론 독서도 전자책E-book으로 해결한다. 읽는 속도도 빠르고 동시에 많은 양의 책을 읽을 수 있어 편리하다고 한다. 그러다 보면 종이에 인쇄된 책은 머지않아 사라질 수밖에 없는 운명이다. 불행한 시대에 살고 있는 셈이다. 교회 역시 종이로 된 성경책은 사라질지 모른다. 빈손으로 왔다 갔다 하면서 화상 화면을 보며 예배를 드리게 되는 것이다. 요즘 대형 교회들은 대부분 그렇게 예배를 드린다. 문제는 목사님이다. 주일날 예배당 문 앞에 서서 신도들을 맞이하시는 목사님 손에 두툼한 성경책이 아닌 전자수첩 성경이 들려 있다면 정말 삭막하여 은혜가 되지 않을 것이다. 환자는 의사나 간호사가 입은 흰 가운만 봐도 심리적인 치료를 받는다고 한다. 신도 역시 목사님이 들고 있는 성경책만 봐도 성령의 은혜를 받는 것이다. 그런데 그 손에 전자책 성경을 갖게 한다는 것은 뭔가 잘못된 일이 아닐까.

인터넷이나 전자책의 맹점은 여기서 끝나는 게 아니다. 실무적인 서적이거나 전문서적인 경우는 제외하고 인간의 감정과 영혼을 다루는 문학작품이나 성경은 인터넷으로는 해결이 되지 않는 아주 중요한 요소가 있다. 소설의 경우를 보자. 소설은 행간行間의 예술이라 할 수 있다. 문장과 문장 사이에 있는 공간이 행간이다. 소설은 문장과 표현 등으로 이루어지지만 거기서 다 표현하지 못한 메시지나 메타포은유, 상징 등 깊고 오묘한 맛은 바로 그 행간에 숨어 있는 것이다. 이것은 인쇄된 책장 속에서만 가능하다. 인터넷의 액정 화면 속에서 보는 행간은 죽은 공간이어서 그 맛을 내지 못하고 그 기능을 발휘하지 못하는 것이다.

라영환 교수의 이 저서를 읽으며 나는 저으기 놀라움을 가지게 되었다. 그는 바로 성경 속에서 그 '행간'의 메시지를 찾고 있었던 것이다. 이것은 아주 새롭고 신선한 관점이다. "무조건 믿으면 됩니다. 왜냐고 묻지 마세요." 신성은 불가침이니 알려 하지 말고 무조건 믿으면 된다는 목사님들이 많다. 그런 분의 성경 해석 역시 신본주의적 교조주의敎條主義가 많다. 그런 분들의 구두선口頭禪이 "성경으로 돌아가자!"라는 구호이다. 성경이 뭔지 모르면서 무조건 몰라도 좋으니 성경으로 돌아가자는 식이다. 이런 상황에서 성경의 행간을 보고 숨어 있는 진의眞意가 무엇인지 알아내고 공부하자고 주장한다는 것은 놀라운 발상이 아닐 수 없다.

더구나 마태복음에서는 "1. 예수의 족보 2. 예수의 출생 3. 세례 요한에게 세례를 받은 예수 4. 광야에서의 사단의 시험…"처럼 마태복음의 전체 구성 순서에서 광야에서의 시험을 네 번째 중요한 사건으로 넣어 놓은 것을 보면 분명 그 사건은 아주 굉장히 중요한 의미를 지닌 것으로 보인다. 라 교수는 바로 그 때문에 이 책을 썼다고 말하고 있다. 그러면서 그는 마태복음 4장 1절에서부터 그 행간을 연구, 고구考究해 가며 숨겨진 메시지를 간결하고 지적인 문체로 풀어서 우리에게 감동을 주고 있다. 그래서 이 책은 성서 묵상黙想에세이라고 할 수 있다. 단문이면서도 비교적 정확한 표현으로 어쩌면 조금은 딱딱하게 느껴질지도 모르나 오히려 저자의 진의가 확연히 전달되어지는 장점을 가지고 있어 읽는 이들에게 은근한 감동emotion을 안겨 주고 있는 역작이기도 하다. 많은 독자들이 광야에 나선 예수님과 사단의 시험, 그 진상은 무엇이며 숨겨진 그림이 무엇인지 이 책을 통하여 탐색하고 공감했으면 한다.

유현종(劉賢鍾, 소설가)

Through the Eyes of Faith : How can we overcome temptation?

서문

- 사단이 예수님께 돌을 떡이 되게 하라고 했을 때 사단은 예수님께 그런 능력이 없다고 생각했을까?

- 만약 사단이 예수님께 돌을 떡으로 만들 수 있는 능력이 있다고 생각했다면 왜 그런 질문을 던졌을까?

- 예수님께서 사람들이 보는 앞에서 성전에서 뛰어내렸음에도 불구하고 전혀 다치지 않으셨다면 그것이 사단에게 유리한 것일까, 아니면 예수님께 더 유리한 것일까?

- 예수님은 사단의 시험을 이길 수 있는 능력이 있으셨지만 우리는 예수님과 다르지 않은가? 그렇다면 예수님께서 광야에서 사단에게 시험을 받으신 이야기가 우리들의 삶에 도대체 어떤 의미가 있을까?

마태와 마가 그리고 누가는 공통적으로 예수님께서 광야에서 시험을 받으신 이야기를 기록하고 있다. 공관복음서 기자들이 예수님의 시험에 관한 이야기를 예수님의 사역 초기에 이야기하는 것은 아마도 이 이야기가 예수님의 사역을 이해하는 데 도움을 줄 뿐만 아니라 그리스도인의 삶에도 중요한 의미를 던져 주기 때문일 것이다. 예수님께서 사십 일 동안 광야에서 보내셔야 했던 이유는 무엇일까? 그리고 왜 예수님은 그 광야에서 사단에게 시험을 받으셔야 했을까? 사단의 시험에 대해 왜 예수님은 신명기를 인용하시면서 대답을 하셨을까? 예수님의 시험 사건이 광야와 같은 인생을 살아가는 우리들에게 주는 가르침은 무엇일까? 이 책은 바로 이러한 질문에 대한 대답이다.

라영환

시험이든지, 시련이든지

아니면 유혹이든지

그 어느 것도 결코

나를 향한 하나님의 사랑으로부터

끊어지게 할 수 없다.

1장

뛰어넘을 수 없는
벽은 없다

그때에 예수께서 성령에 이끌리어 마귀에게 시험을 받으러 광야로 가사 사십 일을 밤낮으로 금식하신 후에 주리신지라. 마 4:1-2

내 형제들아 너희가 여러 가지 시험을 만나거든 온전히 기쁘게 여기라 이는 너희 믿음의 시련이 인내를 만들어 내는 줄 너희가 앎이라 인내를 온전히 이루라 이는 너희로 온전하고 구비하여 조금도 부족함이 없게 하려 함이라. 약 1:2-4

예수님께서 광야에서 시험을 받으신 이야기를 읽으면서 나는 "왜 예수님께서 광야에서 사십 일간을 보내셔야 했는가?"라는 질문을 던지게 된다. 복음서 저자들은 공통적으로 예수님께서 사역을 시작하는 그 시점에 광야에서 시험을 받으신 사건을 언급하고 있다. 도대체 왜 복음서는 예수님께서 광야에서 시험을 받으신 이야기를 자신들의 글 속에서 언급하고 있는 것일까? 단지 예수님이 광야에서 사단에게 시험을 받으셨지만 사단의 유혹에 넘어가지 않고 승리하셨다는 사실만 전하기 위해서 이 사건을 기록하지는 않았을 것이다. 이들이 공통적으로 예수님의 광야 시험 이야기를 예수님의 사역 초기에 기록했던 것은 아마도 이 이야기가 예수님의 사역을 이해하는 데 도움을 줄 뿐만 아니라 그리스도인들의 삶에 중요한 의미가 있기 때문일 것이다.

광야는 이스라엘의 삶의 정체성과 관련하여 대단히 중요한 의미를 갖는 장소였다. 하나님은 이 광야에서 이스라엘 백성들에게 그들이 살아가는 삶의 목적과 의미, 그리고 어떻게 살아야 하는지를 교훈하셨다. 그런데 예수님께서는 바로 이 광야에서 사역을 시작하시기 전 사십 일간을 보냈고, 사단의 시험을 받으셨다. 예수님이 보내신 사십 일이라는 기간은 과거에 출애굽 한 이스라엘 백성들이 광야에서 보냈던 사십 년이라는 기간과 숫자적인 병행을 이루는 것이다. 예수님은 이스라엘 백성들과 동일하게 광야에서 시험을 받으셔야 했다. 그리고 그들이 사십 년을 광야에서 지내야 했던 것처럼 사십 일을 광야에서 보내셔야 했다. 이러한 병행을 통해서 마태는 예수님에 의해서 시작된 새로운 이스라엘의 정체성에 대해서 말하고 있다. 예수님께서 사단의 세 가지 시험에 대한 대답으로 모두 신명기를 인용하시면서 대답하신 이유가 바로 여기에 있다.

신명기는 이스라엘 백성들의 정체성과 관련하여 대단히 중요한 의미를 갖는 책이다. 이 책에는 모세가 사십 년간의 광야생활을 마무리하는 시점에서 이스라엘 백성들에게 훈계한 내용이 담겨져 있다. 그 훈계 속에는 사십 년의 광야생활 동안의 이스라엘 백성들의 삶의 이야기들, 즉 그들의 아픔과 실패 그리고 그 속에서 깨달은 삶의 교훈들이 담겨 있다.

신명기의 이러한 특징은 예수님의 시험 사건을 이해하는 데 중요한 토대가 된다. 예수님은 사단의 질문이 광야의 여정 속에서 이스라엘 백성들이 받았던 유혹들과 동일하다는 사실을 간파하셨다. 그리고 이러한 유혹들은 하나님의 백성으로서의 이스라엘의 정체성을 흔드는 것이었다. 예수님은 당신의 사역을 처음 시작하는 그 시점에 이 부분을 분명히 함으로써 자신의 정체성을 명백하게 나타내셨다.

예수님이 사역을 시작하시기 전에 광야로 나가셨다는 것, 그리고 그곳에서 사단의 시험을 받으셨다는 사실은 우리에게 무엇을 가르쳐 주는가? 예수님께서 당신의 사역을 시작하시기 전에 광야를 거치셨다면 그리고 사단에게 시험을 받으셨다면 우리도 그러한 과정을 거쳐야 한다는 사실을 가르쳐 주시기 위함은 아닐까? 나는 그리스도인들에게 광야라고 하는 것 그리고 또한 시험이라고 하는 것은 필연적인 것이라 본다. 따라서 우리들에게 필요한 것은 삶에 한 부분이라고 할 수 있는 시험을 피하려고만 할 것이 아니라 그것에 적극적으로 대처해야 한다고 생각한다.

왜 성경은 시험을 받으면 기쁘게 여기라고 말할까?

시험과 관련하여 성경에서 사용되는 단어가 세 개가 있는데 그것은 시험test, 시련trial 그리고 유혹temptation이다. 먼저 시험과 시련에 대해서 살펴보자.

야고보서 1장 2절에서 4절을 보면 다음과 같은 말씀이 기록되어 있다.

> 내 형제들아 너희가 여러 가지 시험을 만나거든 온전히 기쁘게 여기라 이는 너희 믿음의 시련이 인내를 만들어 내는 줄 너희가 앎이라 인내를 온전히 이루라 이는 너희로 온전하고 구비하여 조금도 부족함이 없게 하려 함이라. 약 1:2-4

야고보는 먼저 시험과 시련에 대해서 이야기한다. 그는 성도들이 시험을 만날 때 기쁘게 여겨야 한다고 말하고 있다. 왜 야고보는 우리가 시험을 받을 때 기뻐해야 한다고 말하는가? 본문에 나오는 시험은 영어로 말하면 테스트test이다. 이 테스트는 학교에서 치르게 되는 시험과 동일한 것을 말한다. 학교에서 시험을 치르는 것은 성적을 평가하기 위해서가 아니라 내가 무엇이 부족한지를 깨닫게 하기 위해서이다. 테스트는 나의 강점이 무엇인지 그리고 보완할 점은 무엇인지를 발견하기 위해서 하는 것이다. 이런 관점에서 보자면 테스트는 전혀 두려워 할 필요가 없는 것이다.

여기서 우리는 테스트와 '믿음의 시련'trial of faith이 하나로 연결되어 있다는 것에 주목해야 한다. 왜 테스트가 '믿음의 시련'과 연결되는가? 영국에서 유학할 때 휴대전화 개발팀이 우리 집에서 삼 개월 간 하숙한 적이 있다. 이들의 임무는 GSM방식(Global System for Mobile Telecommunication : 유럽이나 중국 등지에서 주로 사용하는 방식으로 SIM 카드만 교환하면 다른 나라에서도 사용 가능하다. 우리나라의 휴대전화는 CDMA방식을 사용한다.)으로 개발한 전화기를 상품으로 팔기 전에 결함이 무엇인지 삼 개월 동안 테스트하는 것이었다. 그들은 하루종일 차를 타고 다니면서 시그널이 제대로 잡히는지, 통화 품질은 어떤지 또 그 외의 기능이 제대로 작동하는지 테스트를 해보고, 그 결과를 가지고 문제점을 분석하며 보완하고 수정하는 작업을 하였다. 삼 개월 동안 매일 저녁 열두 시가 넘도록 작업하는 이들을 보면서 감동을 받은 기억이 난다.

테스트를 하고 나면 자연히 그 부분을 보완하는 작업을 해야 하는데 그것이 일종의 트라이얼trial, 시련이다. 누구나 상품을 개발하자마자 팔고 싶지 그것을 일 년 동안 테스트하면서 보완하고 싶지는 않을 것이다. 그러나 이러한 작업이 있어야 개발된 상품은 제대로 가치를 발휘할 수 있다. 야고보는 시련의 목적도 우리를 쓰러뜨리기 위함이 아니라 오히려 성숙하고 완전한 크리스천이 되게 하기 위함이라고 말하고 있다.

　바로 이러한 이유 때문에 성경은 우리가 "여러 가지 시험을 만나거든 온전히 기쁘게 여기라."고 말하고 있다. 즉 시험과 시련에는 하나님의 뜻과 목적이 있다는 것이다. 우리가 지금 당하는 시험이나 시련의 의미를 이해하지는 못하지만 한 가지 분명한 것은 하나님께서 그것들을 통해서 하시고 싶으신 것이 있다는 것이다. 그것은 우리를 온전한 사람으로, 부족함이 없는 사람이 되게 하는 것이다. 바로 이 일을 위해 하나님께서는 우리들에게 때때로 우리들이 정말 부딪히고 싶지 않은 일들을 겪게 하신다. 바울은 로마서에서 이것을 이렇게 말한다. "우리가 알거니와 하나님을 사랑하는 자 곧 그의 뜻대로 부르심을 입은 자들에게는 모든 것이 협력하여 선을 이루느니라."롬 8:28 이것이 우리가 시험과 시련 가운데 있을 때 가져야 할 믿음이다. 이러한 믿음이 있을 때 우리는 그 시험과 시련을 두려워하지 않고 오히려 기뻐할 수 있게 된다.

신자는 시험과 시련을 두려워 할 필요가 없다

　이러한 관점에서 보자면 신자는 시험과 시련을 두려워 할 필요가 없다는 것을 알게 된다. 시련이 없이 살아가는 사람은 없다. 우리가 아무리 피하려고 해도 시련은 다가온다. 시련을 수용하면 시련이 우리를 위로해 주지는 않지만 강한 단련의 시간을 선물해 준다. 대나무가 휘어지지 않고 곧게 자라는 것은 줄기의 중간 중간을 끊어 주는 시련이라는 마디가 있기 때문이다. 소나무 중에서 으뜸으로 인정받는 나무는 적송赤松인데 주로 험한 환경 속에서 자란다고 한다. 험한 환경에서 자라는 나무일수록 나이테가 좁고 강도가 단단해지는 법이다. 목수들의 말에 의하면 나이테가 넓은 나무는 쉽게 자란 나무여서 속이 무르고 쉽게 터지기 때문에 건축자재로 쓰기 힘들고, 적송이야말로 최고의 품질을 갖고 있다고 한다.

신약성경을 보면 '믿음의 시련'이라는 단어가 두 번 나온다. 그 하나가 야고보서 1장 3절의 믿음의 시련이고, 다른 하나가 베드로전서 1장 7절의 "너희 믿음의 시련이 불로 연단하여도 없어질 금보다 더 귀하여 예수 그리스도의 나타나실 때에 칭찬과 영광과 존귀를 얻게 하려 함이라."이다. 그런데 이 두 구절은 공통적으로 믿음의 시련이 지향하고 있는 것이 있음을 이야기하고 있다. 야고보는 그것을 우리가 온전한 사람이 되는 것이라고 말하고 베드로는 우리가 그리스도의 칭찬을 받는 것이라고 말하고 있다. 여기서 우리는 믿음의 시련이라고 하는 것은 하나의 연단, 즉 우리가 완성되어 가는 과정이라는 사실을 발견하게 된다.

성경에서 말하는 형통의 의미

사람들은 누구나 평탄한 삶을 살고자 하는 마음이 있다. 평탄이란 '일이 순조롭게 잘되어 감'을 의미한다. 어떤 것이 일이 순조롭게 잘되어 가는 것인가? 그것을 일이 진행되어 가는 전체적인 관점에서 보아야 할까 아니면 그 일을 겪는 사람의 관점에서 보아야 할까? 창세기 39장 2절을 보면 "여호와께서 요셉과 함께하시므로 그가 형통한 자가 되어"라는 표현이 있다. 요셉은 형통한 사람이었다. 그렇다면 요셉은 아무런 문제가 없는 삶을 살았을까? 우리가 성경을 통해서 아는 것처럼 그는 많은 어려움을 겪어야 했다. 그러나 중요한 것은 그러한 난관들이 그를 쓰러뜨리지 못했고 오히려 더 강하게 만들었다는 것이다. 요셉은 시련을 통해서 성숙한 인격을 소유한 사람으로 그리고 더 완전한 사람으로 바뀌어 갔다.

정말 형통하기를 원하는가? 그렇다면 삶을 보는 관점이 바뀌어야 한다. 이상李箱, 1910-1037 시인의 〈오감도〉라는 시가 있다. 그가 왜 이 시의 제목을 〈오감도〉라고 했는지는 정확히 알 수 없지만, 많은 사람들이 조감도를 변형해서 지었을 것이라고 추측한다. '조감도'鳥瞰圖, Birds eye view란 "높은 곳에서 내려다본 상태의 그림이나 지도"를 말한다. 조감도는 어떤 것을 전체적으로 조망하게 하는 역할을 한다. 그런데 이상은 이 시詩를 쓰면서 조감도의 '조'鳥 자 대신에 까마귀 '오'烏 자를 사용함으로써 전체를 보지 못하고 삶의 한 단면만 보는 우리들의 모습을 표현하고자 한 것 같다. 인생은 오감도로 보지 말고 조감도로 보아야 한다. 전체적인 관점에서 보는 인생이 행복한 인생이다.

나는 청년 상담을 많이 하는 편이다. 상담을 하면 대부분의 청년들이 '나는 불행한 인생을 살고 있다.'고 생각한다. 그때 내가 하는 일은 그들의 삶의 경험을 재해석해 주고 그리고 그러한 해석을 통해 자신들이 고통스럽다고 여기는 그 순간이 새로움에 대한 통로가 됨을 깨닫게 하는 일이다. 실패라고 생각했던 그 현장이 실패가 아니라 새로움에 대한 발견임을 깨닫게 해주는 것, 나는 이것이 믿음의 역할이라고 생각한다.

마르셀 프루스트Marcel Proust, 1871~1922는 이렇게 이야기한다.

자신을 바꾸어보지 못한 사람은 결코 아무것도 변화시키지 못한다. 인간은 한 가지만 빼놓고 모두 잃을 수 있다. 인간은 어떤 상황 속에서도 자신의 태도, 즉 마음가짐은 스스로 선택할 수 있다는 사실이다. 길은 자기가 선택하는 것이다. 참된 발견은 새로운 땅을 찾는 것이 아니라, 눈앞에 있는 땅을 새로운 눈으로 바라보는 것이다.

베드로에게 있어서 갈릴리 바닷가, 숯불은 실패의 현장이었다. 그러나 예수님은 그 실패의 현장을 새로움의 기회로 바꾸어 주셨다. 은혜는 자신의 삶을 새로운 시각으로 바라보는 것이다.

우리도 유혹을 무력화 시킬 수 있다

시험과 관련되어 사용되는 말 가운데 세 번째는 유혹이라는 단어이다. 시험과 시련과 달리 유혹은 사단이 주는 것이다. 야고보서 1장 13절과 14절에서 야고보는 유혹에 대해서 다음과 같이 말한다.

사람이 시험을 받을 때 내가 하나님께 시험을 받는다 하지 말지니 하나님은 악에게 시험을 받지도 아니하시고 친히 아무도 시험하시지 아니하시느니라 오직 각 사람이 시험을 받는 것은 자기 욕심에 끌려 미혹됨이니

약 1:13-14

본문에 나오는 시험이라는 말은 영어로 템테이션temptation, 유혹이라고 한다. 그런데 야고보는 유혹에 대해서 말하면서 하나님이 악에게 시험 받지 않으신다고 말하고 있다. 앞에서 우리는 예수님께서 광야에서 받으

신 시험에 대해서 살펴보았다. 예수님은 사십 일 동안 광야에서 금식하신 후에 사단의 시험에, 아니 사단의 유혹에 노출되셨다. 그런데 왜 야고보는 하나님이 사단에게 유혹을 받지 않으신다고 표현했을까? 그것은 사단은 예수님을 유혹하였지만 그러나 예수님은 그 유혹을 무력화 시키고 테스트로 삼으셨다는 것이다. 즉 나의 정체성을 확인하는 기회로 만드셨다는 것이다.

사람들은 사단의 시험을 두려워한다. 사단의 시험이 두렵지 않은 사람이 어디에 있을까? 그런데 생각해 보면 정말 두려운 것은 사단의 시험이 아니라 사단이 시험하지 않는 것이다. 사단은 자신이 유혹하지 않아도 될 사람은 유혹하지 않는다. 만약 우리에게 유혹이 없다면 그것은 나는 사단에게 이미 유혹하지 않아도 될 사람으로 분류되었다고 생각해야 한다.

우리가 사단에게 시험을 받을 때 꼭 알아야 할 것이 있다. 사단은 하와에게 선악과를 따먹으라고 했지, 직접 따서 입에 먹여 주지 않았다. 예수님께 "돌을 떡으로 만들어 봐라.", "성전에서 뛰어라.", 그리고 "내게 절하라."고 제안만 했지 강제로 굴복시키지 못했다. 이 사실이 우리에게 무엇을 가르쳐 주는가? 사단은 우리를 유혹하는 자라는 것이다. 다른 말로 하면 사단은 우리를 단지 유혹할 뿐이지 직접적으로 쓰러뜨리지 못한다는 사실이다.

사단의 전략은 자신을 과대평가하도록 하는 것이다

유혹은 누가 주는가? 사단이 준다. 그러나 두려워 말라. 우리는 이길 수 있다. 사단의 전략이 무엇인 줄 아는가? 자신을 과대평가하도록 만드는 것이다. 문제를 과대평가하지 말라. 문제는 문제가 아니다. 골리앗 앞에 섰던 유대인들도 골리앗을 과대평가하였다. 세상은 크다. 그러나 우리는 더 크다. 하나님이 우리를 그런 사람으로 불러 주셨다. 사단은 하나님이 그 피로 사신 백성인 그리스도인들을 어찌할 수 없다는 것을 너무도 잘 알고 있다. 그래서 직접적으로 어떻게 못하니까 자신을 과대 포장하는 방법을 통해서 유혹을 한다. 마치 자기가 세상을 줄 권한이 없음에도 불구하고 줄 수 있는 것처럼 자신의 능력을 과대 포장하는 것이다.

사단에게 속지 말자. 또 세상에게도 속지 말자. 사단과 세상은 언제나 자신을 과시하면서 우리를 위축되게 한다. 오늘날 많은 그리스도인들이 여기에 속아 자신 안에 감춰진 엄청난 힘들을 발휘하지 못하고 있다.

시련은 과정이고 실패는 결론이다

만 원짜리는 아무리 발로 밟아도 그 가치가 줄어들지 않는다. 우리도 인생이라는 무대에서 여러 번 밟히고 더럽혀질 수 있다. 실패라는 이름이, 패배라는 이름이 우리들에게 다가올 수 있다. 실패와 시련의 차이를 아는가? 시련은 과정이고 실패는 결론이다. 만약 자신이 처한 어려움을 극복하지 못하고 넘어지면 그것은 실패가 되지만, 그것을 극복하면 시련이 되는 것이다. 오늘 우리가 당하는 좌절, 그것은 실패가 아니다. 단지 시련일 뿐이다. 내가 정금으로 변화되기 위한 통과의례일 뿐이다.

사람들은 아픔을 겪게 되면 대부분 자신은 쓸모없는 인생이라고 생각한다. 그러나 내가 넘어졌다고 해도 내 가치는 여전히 동일하다. 사단은 지속적인 시험을 통해서 우리들의 가치를 축소시키려고 한다. 그러나 내

> 시험이든지, 시련이든지
> 아니면 유혹이든지
> 그 어느 것도 결코
> 나를 향한
> 하나님의 사랑으로부터
> 끊어지게 할 수 없다.

가치는 주위 환경에 달려 있는 것이 아니다. 내 가치는 나 자신에게, 아니 하나님께서 부여하신 그 가치 안에 있는 것이다. 실패는 내가 그것을 과정으로 보는 그 순간부터 더 이상 실패가 아니라 시련이 되는 것이다. 그리고 우리는 그 시련을 통해서 완성을 향해서 나아가는 것이다.

나는 우리가 당하는 어려움들이 시험이든지 혹은 시련이든지, 아니면 유혹이든지간에 관심이 없다. 그것을 분류하고 싶지도 않다. 중요한 것은 그것들이 결코 우리를 향한 하나님의 사랑으로부터 끊어지게 할 수 없고, 그리고 우리가 걸어가야 할 그 길을 가지 못하도록 막을 수 없다는 것이다.

하나님은 우리가 감당할 수 없는 고통은 우리들에게 허락하지 않으신다. 하나님은 우리가 감당할 수 있는 만큼의 어려움만 주신다. 그리고 우리가 힘들어할 때 언제나 도움의 손길을 늦추지 않으신다.

고린도전서 10장 13절은 우리들에게 다음과 같은 사실을 알려 준다.

사람이 감당할 시험밖에는 너희에게 당한 것이 없나니 오직 하나님은 미쁘사 너희가 감당치 못할 시험 당함을 허락지 아니하시고 시험 당할 즈음에 또한 피할 길을 내사 너희로 능히 감당하게 하시느니라. 고전 10:13

우리가 당하는 시험에 대해서 성경은 무엇을 가르쳐 주는가? 감당할 수 있다는 것이다. 내가 감당할 수 있기 때문에 나에게 시험이 오는 것이다.

뛰어넘을 수 없는 벽은 없다. 삶이 어렵게 느껴지는가? 시험 가운데 있다고 느껴지는가? 그렇다면 그것을 믿음의 시련이라고, 나를 성숙케 하기 위한 또 하나의 기회라고 생각하자. "문은 벽에다 내고 가는 것"이라는 말이 있다. 내 인생에 벽이 있다고 좌절하지 말자. 그 벽에 문을 내고 지나가면 되는 것이다. 사단의 유혹 가운데 있는가? 그렇다면 '아, 내가 괜찮은 그리스도인이구나.'라고 생각하자. 그리고 '하나님께서 나로 하여금 더 커다란 일을 맡기시기 위해서 사단을 무력화시키라고 하시는구나.'라는 믿음을 가지고 살아가자.

이것이 끝이 아니다. 우리는 다시 일어난다

물론 우리는 살아가면서 사단의 유혹에 때때로 넘어질 수 있다. 그러나 이것이 끝이 아니다. 우리는 다시 일어난다. 시편 저자는 이렇게 고백한다. "여호와께서 사람의 걸음을 정하시고 그 길을 기뻐하시나니 저는 넘어지나 아주 엎드러지지 아니함은 여호와께서 손으로 붙드심이로다."시 37:23, 24

잠언 24장 16절 말씀도 성도들은 일곱 번 넘어질지라도 다시 일어난다고 이야기하고 있다. 우리가 살아가면서 넘어질 수 있다. 그리스도인이라고 넘어지지 않는 것이 아니다. 그러나 중요한 것은 우리가 아주 엎드러지지 않는다는 것이다.

하나님은 우리에게 다시 일어서는 방법을 가르쳐 주시기 위해서 우리를 잠깐 쓰러뜨리는 방법을 사용하신다. "왜 그 방법만이냐?"고 불평하지 말

하나님은 결코
도움을 늦추지 않으신다.
다만 우리가 너무 성급해서
하나님이 도와주실 때까지
참지 못하는 것이다.

자. 하나님은 우리를 다시 일으켜 세우시고, 더 큰 뜻을 품어 더 멀리 가게 하려고 때로 '쓰러뜨림'이라는 방법을 사용하시는 것이다. 여기에서 우리가 알아야 할 것이 있다. 우리가 시험 당할 때 그러한 우리들의 모습을 지켜보고 계시는 분이 있다는 것이다. 바울은 우리가 감당하기 어려울 때 그런 우리들의 삶 속에 개입하시는 분이 있다고 말한다. 바로 그분은 하나님이다.

2차 세계대전 때 일이었다. 나치의 포로수용소에서 가스실에 들어갈 순서를 기다리던 젊은 유대인 의사가 있었다. 그 의사는 자신이 이대로 가스실에 들어가 죽을 수 없다고 생각을 했다. 그러던 어느 날, 그는 우연히 길에 떨어진 유리조각 하나를 줍게 되었다. 그리고 매일 그 유리조각으로 면도를 했다. 언제 죽을지 모르는 상황에서 면도를 하지 않는다고 누가 뭐라고 하겠는가? 그러나 그에게 있어서 면도는 이대로 죽을 수 없다는 삶의 의지의 표현이었다. 나치는 매일 가스실로 보내는 유대인들을 선발했다. 그들은 노약자와 병자 그리고 임산부들을 우선적으로 가스실에 보냈고, 매번 깔끔하게 면도를 한 이 젊은 의사는 선별 대상에서 제외되었다. 그의 가스실 행은 이렇게 하루하루 미루어지다가 독일의 패망과 함께 기적적으로 살아남게 되었다. 수용소에서 살아남은 후 그는 사람들에게 이렇게 말했다고 한다.

"하나님은 결코 도움을 늦추지 않으십니다. 다만 우리가 너무 성급해서 하나님이 도와주실 때까지 참지 못하는 것입니다."

신앙은 현실을 직면하게 하고 그것을 극복하도록 만든다

바로 이것을 강조하기 위해서 야고보는 "인내를 온전히 이루라."^{약 1:4} 고 말한다. 오늘날 시험은 어려움이라는 가면을 쓰고 우리에게 다가오기도 한다. 시험을 피해 가려고 하지 말자.

여기서 우리가 꼭 알아야 할 것이 있다. 피할 길은 도망가는 것이 아니라 그것을 직면하여 쓰러뜨리는 것이라는 것이다. 그리스도인은 도망자가 아니다. 신앙은 그런 것이 아니다. 신앙은 현실을 직면하게 하고 그것을 극복하도록 만드는 것이다.

예수님은 사단을 피하지 않았다. 사단을 만났고, 사단의 유혹을 받았다. 그리고 사단에게 예수님을 쓰러뜨리려는 시도가 얼마나 무모한 것인가를 분명히 보여 주셨다. 그리고 예수님은 우리들에게 동일하게 사단의 시험을 두려워하지 말고 맞서라고 말씀하신다. 이것이 마태가 예수님이 사단에게 시험의 받으신 이야기를 기록한 이유이다.

사단과 그리고 세상과 맞장뜨지 않겠는가? 사단의 시도를 무력화시키고 그것을 오히려 우리가 하나님의 사람이 되어 가는 디딤돌로 만들지 않겠는가? 그리스도의 강한 군대로 살아가자. 두려움은 사단이 주는 것이다. 사단에게 속지 말자. 우리는 이미 세상을 이긴 사람들이다. 하늘과 땅의 모든 권세를 가지신 분이 함께하는 사람들이다.

2장

왕의 초대

그때에 예수께서 성령에게 이끌리어 마귀에게 시험을 받으러 광야에 가사 사십일을 밤낮으로 금식하신 후에 주리신지라. 마 4:1-2

역사는 하나님의 이야기다

역사를 영어로 '히스토리'history라고 한다. 어떤 학자는 히스토리는 '히즈'His, 그의라는 단어와 '스토리'story, 이야기라는 단어가 합성된 것이라고 말한다. 다소 억지스럽게 보이지만 역사에 대한 이러한 정의는 우리들에게 역사의 주체가 누구인가에 대한 혜안慧眼을 제시한다. 그것은 역사가 하나님의 이야기라는 것이다. 그런데 사람들은 역사가 하나님의 이야기가 아닌 자신들의 이야기라고 생각한다. 그래서 백 년도 채 안 되는 짧은 인생을 살면서 마치 자신은 영원하게 살 수 있는 것처럼 생각하고 자신의 이야기에만 초점을 맞춘다.

그런데 이렇게 자신의 이야기에만 초점을 맞추다보면 정작 우리를 둘

러싼 영원한 하나님의 이야기는 들을 수 없게 된다. 유한한 우리들의 삶의 이야기는 눈깜짝할 사이에 끝나버릴 만큼 짧다. 하지만 영원하신 하나님의 이야기는 끝이 없는 이야기never ending story이다. 따라서 우리의 삶을 의미 있게 하려면 영원하신 하나님의 이야기에 초점을 맞추어야 한다. 문제는 영원한 하나님의 이야기를 바라보기에는 우리들의 인생이 너무 짧다는 것이다.

인생을 부분과 전체와의 관계성 속에서 볼 수 있어야 한다

19세기 초반 독일에서 활동한 빌헬름 딜타이Wilhelm Dilthey, 1833-1911라는 학자는 인생을 부분과 전체라는 관점에서 보아야 한다고 주장했다. 그에 의하면 텍스트를 해석할 때 한 단어의 의미는 그 자체보다는 그 단어가 속한 구와 절을 통해서 규정된다는 것이다. '사랑'이라는 단어를 예로 들어보자. '사랑'이라는 단어 자체보다는 '사랑해', '사랑하지 않아'처럼 앞뒤에 위치한 문맥적 의미에 따라 그 뜻이 달라지는 것을 알 수 있다.

사람들은 일반적으로 단어의 사전적 의미를 알면 그 문장을 이해할 수 있다고 생각한다. 그러나 이러한 생각은 이미 언어학에서 깨어진 지 오래이다. 유진 나이다Eugene Nida, 1914-라는 학자는 단어의 의미는 사전적 정의를 넘어선다고 주장하면서 단어의 의미를 문맥 속에서 보아야 한다고 주장하였다. 한 단어 혹은 문장의 의미가 그것이 속한 문장이나 단락, 나아가 전체 맥락을 통해서 해석되어야 한다는 언어에 대한 이러한 이해는 한 사람의 삶을 이해하는 데 있어서도 동일하게 적용된다. 이것이 해석학에서 말하는 '부분과 전체'part to whole structure이다.

하나님은 우리가
영원이라는 거울 속에서
자신을 볼 수 있도록
성경을 허락하셨다.

유한한 인간은 누구도 역사의 마지막에 설 수 없다

이것을 우리의 삶에 적용해 보자면 나 개인의 삶이 역사의 전체성이라는 관점에서 바라보아야 제대로 파악이 될 수 있다는 것을 의미한다. 가끔 결혼을 하거나 교제를 하다가도 "당신에게 속았어."라고 말하는 사람들을 본다. 정말 그 사람이 속인 것일까? 아니면 원래 그런 사람인데 내가 잘못 판단한 것일까? 이것은 내가 상대방의 어떠한 한 단면만 보고 전체가 그럴 것이라고 판단했기 때문이다. 즉 상대방을 전체적인 관점에서 보지 못했기 때문에 그렇게 말하는 것이다. 우리의 문제는 현재라는 순간에 살아갈 뿐 누구도 역사의 마지막에 설 수 없고, 따라서 자신의 삶을 전체적인 관점에서 볼 수 없다는 것이다. 그렇다면 사람들이 자신의 삶을 역사라고 하는 거대한 흐름에 비추어 놓고 볼 수 있는 방법은 없을까?

하나님은 유한한 인간이 영원이라는 거울 속에 자신을 비춰볼 수 있도록 성경을 우리들에게 허락하셨다. 성경에는 아브라함, 이삭, 야곱, 요셉, 모세, 여호수아와 같은 사람들의 이야기가 있다. 그러나 성경은 단순히 사람들의 이야기를 들려 주기 위해서 기록된 책이 아니다. 성경은 하나님의 이야기를 우리에게 들려 주고, 그 하나님의 부르심에 응답하게 함으로써, 우리의 이야기가 끝이 없는 이야기에 속하게 한다.

마태복음 4장에 기록된 예수님께서 광야에서 사단에게 시험을 받으신 이야기는 우리들에게 하나님은 어떤 분이신지, 하나님이 인류 역사 속에 어떤 의미를 부여하시는지를 이야기해 주고 있다. 예수님의 광야 시험은 하나님께서 우리를 '그의 이야기'his-story인 역사에 초대하는 이야기이다. 우리는 이 이야기를 통해서 하나님께서 우리에게 무엇을 원하시는지, 우리가 무엇을 추구하며 살아야 할지를 발견하게 된다.

"예수님께서 왜 사십 일간 광야에서 보내셔야 했는가?"라는 질문에 대답하려면 마태가 예수님에 대해서 이야기하는 독특한 표현 양식을 살펴보아야 한다.

마태는 자신의 복음서에서 예수님을 이스라엘 민족에 대한 하나의 상징으로써 묘사하고 있다. 이것을 '모형론'typology이라고 한다. 마태는 특별히 예수님을 출애굽 당시 이스라엘 민족들과 비교하면서 자신의 복음서를 이끌어 나가고 있는데, 그 한 예가 마태복음 2장 15절의 "애굽에서 내 아들을 불렀다 함을 이루려 하심이라."라는 구절이다. 이를 통해서 마태는 이스라엘 민족들이 출애굽 한 것과 같이 예수님 역시 애굽으로부터 나왔다는 점을 강조하고 있다. 그리고 마태복음 4장에서 우리가 보듯이 이스라엘 백성들이 사십 년간 광야에서 생활한 것과 같이 예수님도 광야에서 사십 일 동안 생활하셨다.

왜 예수님께서 신명기를 통해서 사단의 질문에 대답하셨을까?

여기서 우리가 주목해야 할 것은 예수님은 사단의 질문에 신명기를 인용해 대답하셨다는 점이다. 왜 예수님께서 신명기를 통해서 사단의 질문

> 마태는
> 이 이야기를 통해서
> 새로운 하나님의 백성의
> 조건을 말하고 있다.

에 대답하셨을까? 뒤에서 자세히 설명하겠지만 이것을 통해서 마태는 우리들에게 예수님께서도 과거 이스라엘 백성들이 사십 년간 광야에서 겪었던 시험을 동일하게 받으셨음을 보여 주고자 하는 것이다. 마태는 예수님과 이스라엘 백성의 차이점을 이스라엘 백성은 실패했고, 예수님은 승리했다는 것임을 강조하고 있다.

마태는 이러한 병행을 통해서 모세가 신명기에서 새 이스라엘의 조건을 설교하였듯이, 예수님께서 새로운 하나님의 백성의 조건이 무엇인가를 우리에게 보여 주고 계심을 말하고 있다. 그리고 신명기가 출애굽기, 레위기, 민수기 그리고 여호수아서 사이에서 전환점을 이루듯이 광야 시험 사건이 말라기 이후 사백 년간을 어둠 속에서 살았던 이스라엘 백성들에게 새로운 역사를 가져올 수 있는 디딤돌이 됨을 보여 주고자 했다.

마태는 이 이야기를 통해서 예수님께서 새 이스라엘의 대표 주자임을 우리들에게 역설하고 있다. 왜 예수님이 새로운 이스라엘을 만들 수 있는 분인가? 과거 이스라엘 백성들이 약속의 땅에 들어가지 못하고 사십 년을 광야에서 방황했던 이유는 세 가지 시험에서 실패했기 때문이었다. 그래서 모세는 신명기의 세 개의 긴 설교를 통해서 이것을 역설했고, 광야에서 태어난 후손들은 모세의 설교에 "아멘!"으로 응답하여 새로운 역사를 만들어 갈 수 있었다. 이러한 신명기의 모티브motive가 예수님께서 광야에서 시험을 받으신 마태복음 이야기에 그대로 반영되고 있다.

사십 년 동안 광야에서 지내야 했던 이스라엘 백성들처럼 예수님도 사십 일간을 광야에서 지냈다. 그리고 광야에서 방황하면서 시험받았던 이스라엘 백성들처럼, 예수님도 광야에서 시험받으셨다. 그러나 새 이스라엘로서 예수님은 광야에서 실패한 이스라엘 백성들과 달리, 그 시험을 극복하셨다. 마태는 이러한 대비를 통하여 예수님이 새 이스라엘로서 시험을 받으신 것이고, 과거 자신들이 이겨보지 못한 그 시험에 승리하심으로써 우리들이 어떻게 전투에서 이길 수 있는가를 보여 주고 있는 것이다.

마태가 묘사하는 예수님은?

이러한 일을 통해서 마태는 예수님을 다음과 같이 묘사한다.

먼저는 예수님이 우리의 연약함에 동참하셨다는 것이다. 이것은 새로운 이스라엘을 만드실 분이셨던 예수님께는 참으로 중요한 덕목이었다. 마태복음은 유대인들을 위해서 기록된 복음서이다. 그래서 이방인을 위해 기록된 누가복음과 달리 유대인이라는 컨텍스트context 속에서 예수님이 누구인가를 말하고 있다. 그 대표적인 예가 마태복음 1장에 기록된 족보이다. 마태는 1장 1절에서 "아브라함과 다윗의 자손 예수 그리스도의 세계…."라고 시작함으로써 예수님이 끊어진 다윗의 왕가를 다시 잇는 분이라는 사실을 강조한다.

다윗 왕가의 적통嫡統으로서 예수님의 사역은 무너진 나라를 회복하는 일이었다. 당시 이스라엘을 지배하던 헤롯은 다윗의 후손이 아니었다. 백

새 나라를 건설하실
예수님께서는
공동체의 아픔을
경험하신 분이라는 사실을
우리들에게 보여 준다.

성들에게 인정받지 못했던 헤롯은 자신의 정통성을 지지받기 위해 당시 절대 권력이었던 로마의 비위를 맞출 수밖에 없었다. 그러나 예수님은 다윗의 후손으로서 로마의 눈치를 보는 헤롯 왕가, 로마의 비위를 맞추는 나라가 아니라 다윗이 꿈꾸던 나라, 즉 하나님이 다스리시는 신정국가를 만들고자 하셨다. 그분이 만드시는 나라는 세상과 겨뤄 백전백패하고 세상의 눈치를 보면서 사는 나라가 아닌, 세상과 맞장떠서 이기는 나라였다. 그래서 마태는 장황하게 예수님의 족보를 이야기한 것이다.

예수님은 다윗의 후손이었지만 숨겨진 왕족이었다. 마태는 3장에서 세례 요한에게 세례를 받으시는 사건을 통해서 그분이 왕이심을 보여 준다. 세례 요한에게 세례를 받으실 때 성령이 비둘기처럼 예수님께 임하심을 보여 줌으로써 그분이 하늘에서도 인정한 왕임을 공적으로 선포한다.

그런데 마태는 여기에 그치지 않고 4장에서 예수님께서 광야에서 사십 일을 금식하시고 사단에게 시험을 받으신 사건을 묘사함으로써, 새 나라를 건설하실 왕이신 예수님께서 공동체의 아픔을 경험한 자라는 사실을 우리에게 보여 준다.

나는 지도자 혹은 리더의 덕목 가운데 가장 중요한 것 중 하나가 공동체의 아픔을 경험하는 것이라고 본다. 공동체의 아픔을 모르는 사람은 지도자가 될 수 없다. 공동체의 아픔을 모르면 공동체의 대표성을 가질 수 없다. 우리나라의 초대 대통령이었던 이승만 박사[1875-1965]가 지도자가 되었을 때, 끊임없이 그분의 발목을 잡았던 문제가 이 민족이 모진 고통을 받았던 시기에 백성들과 함께하지 못했다는 것이었다. 지도자는 공동체의 아픔을 알아야 한다. 그런데 오늘날 우리 현실을 보면 지도자라고 하는 사람들이 공동체의 아픔을 모르는 것 같다.

히브리서 4장 15절은 "우리에게 있는 대제사장은 우리의 연약함을 체휼하시지 않는 분이 아니요."라고 말한다. 예수님은 우리의 연약함을 아신다. 그것도 관념적으로 아시는 것이 아니라 체험적으로 안다. 이것을 나타내는 단어가 바로 '체휼'體恤이다. 주님이 우리들에게 위로가 되고 희망이 되는 이유가 바로 여기에 있다. 그분은 우리와 같이 동일한 아픔을 겪으셨다. 하지만 우리와 달리 그것에 넘어지지 않고 그 아픔을 딛고 일어서셨다. 고통을 받는 백성들의 아픔에 동참하는 것, 이것은 지도자들에게 아주 중요한 덕목이다. 이것이 이 시대에 지도자가 되려는 사람에게 반드시 있어야 한다.

둘째로, 마태는 광야 시험 사건을 통해서 예수님이 새 이스라엘을 이끌 자격이 있음을 이야기하고 있다. 단지 고통을 함께 경험했다고 해서 지도자가 될 수는 없다. 지도자는 그것을 극복해야 한다. 마태는 예수님께서 사단에게 시험받으신 이야기를 통해서 예수님께서 지금까지 자신들은 한 번도 이겨보지 못한 싸움에서 승리하셨음을 보여 주고 있다. 그렇기 때문에 예수님만이 자신들의 희망임을 이야기하고 있다. 예수님은 공동체의 아픔을 겪었을 뿐만 아니라 그것을 극복하신 분이시기에 새 이스라엘을 만드실 자격이 있다는 것이다. 이것이 마태가 이 사건을 통해서 우리들에게 보여 주고자 하는 예수님의 왕 되심^{kingship}이다.

신명기는 새로운 이스라엘의 조건에 대해서 이야기한 책이다. 예수님께서 광야에서 시험을 받으신 사건 역시 신명기와 동일하게 새 이스라엘 백성들이 갖추어야 할 조건에 대해서 이야기한다. 예수님께서 신명기를 인용하시면서 사단의 유혹을 물리치신 이유가 바로 여기에 있다. 왜 출애굽 한 이스라엘 백성들이 약속의 땅에 들어가지 못하고 광야에서 사십 년간 방황해야 했을까? 그것은 그들이 하나님을 경외하지 않고, 또한 하나님을 하나님으로 인정하지 못했기 때문이었다. 하나님을 하나님으로 인정하지 못하니까, 하나님을 시험하고 하나님의 뜻보다는 눈에 보이는 이익들을 추구하며 산 것이다. 이것이 이스라엘 민족이 광야에서 실패한 이유이다. 그런데 예수님은 그들과 달리 하나님을 경외하는 것이 우리가 살 길임을, 내 자신의 이익보다는 하나님의 뜻을 먼저 구하는 것이 새로운 백성들의 조건임을 이 사건을 통해서 분명히 보여 주셨다.

아브라함과 다윗의 실패 그리고 예수님의 승리

앞에서 마태가 예수님을 아브라함과 다윗의 자손이라고 소개했다고 했다. 왜 예수님을 아브라함과 다윗의 자손이라고 소개했을까? 아브라함은 민족의 조상으로서 그들의 혈통적 근거이다. 그리고 다윗은 이스라엘 역사에서 등장한 왕의 대표적인 모델로서 자신들이 추구하는 하나의 이상형이다. 그러나 아브라함은 하나님의 부르심을 받고 갈대와 우르를 떠난 이후 지속적으로 하나님의 인도하심을 믿지 못하였고, 다윗은 우리아의 아내 밧세바를 강제로 빼앗은 사건에서 보듯이 소유욕과 안목의 정욕

이 사건을 통해 예수님은
자신들의 이야기에만
초점을 맞추고 살아온 사람들에게
하나님의 이야기를 들려 주며,
하나님의 '네버엔딩 스토리'에
동참하라고 초청한다.

을 이기지 못했다. 뿐만 아니라 노년에는 인구조사를 함으로써 자신을 나타내려는 이생의 자랑이라는 유혹을 이겨내지 못했다.

하지만 예수님은 아브라함의 후손이자 새 이스라엘을 만들 자로서 하나님을 경배하는 것, 하나님을 하나님으로 인정하는 것이 새 나라의 조건임을 보여 주신다. 또 다윗의 후손으로서 예수님은 소유와 명예 때문에 자신의 정체성을 포기하지 않는 것이 새 나라를 창조할 백성들의 조건임을 보여 주고 계신 것이다. 그리고 예수님 자신이 그들의 선조가, 아니, 인류가 역사 속에서 단 한 번도 극복해 보지 못한 것을 해결하심으로써 당신이 새 나라를 만들 분임을 우리에게 나타내 보이셨다.

예수님은 광야에서 시험을 받으신 사건을 통해서 우리를 하나님의 역사에 초대하고 있다. 하나님께서는 역사 속에서 이루고자 하시는 계획을 보여 주시고, 광야에서의 경험을 통해 증명하신 후에 그 새로운 일에 우리를 동참하라고 말하고 있다. 이 사건을 통해 예수님은 말라기가 기록되고, 하나님의 계시가 사라진 이후 사백 년이라는 긴 시간 동안 자신들의 이야기에만 초점을 맞추고 살아온 이스라엘에게 하나님의 이야기를 들려 주고 계신 것이다.

하나님의 '네버엔딩 스토리'never ending story에 동참하는 것은 하나님을 인정하고 그 하나님의 뜻에 순종하는 것이다. 우리는 이 시대 속에서 새 역사를 창조하는 일에 동참할 사람들이다. 우리가 해야 할 일은 바로 예수님과 같이 이 땅에 하나님의 나라를 건설하는 일이다.

나는 우리들 가운데 지도자가 많이 나왔으면 한다. 그러기 위해서는 먼저 공동체의 아픔에 동참해야 한다. 민족의 아픔을 함께 아파하는 사람이 되어야 한다. 모두가 자신들의 이야기에만 관심을 가지고 있을 때, 공동체를 아파해야 한다. 예수님께서 산상설교에서 말하는 가난한 자, 애통하는 자, 온유한 자, 긍휼함이 있는 자, 의를 위해서 핍박을 받는 자가 바로 이러한 사람이다. 예수님이 자신을 위해서 살지 않으셨듯이 자신의 유익 때문이 아니라 하나님의 뜻을 위해 사는 자가 새로운 역사를 만들 수 있다. 예수님은 우리들에게 이것이 불가능하지 않음을, 우리가 어떻게 해야 이 나라를 건설할 수 있을지를 보여 주고 계신다.

사단은 늘 그 일이 좁은 길과 같다고, 고통스럽고 힘든 길이라고 하며 우리를 속이려고 한다. 속지 말자. 많은 사람들이 이 속삭임에 속아서 새 역사를 만들지 못했다.

하나님을 경배하자. 하나님을 인정하자. 하나님이 나에게 두신 뜻에 대해서 의심하지 말자. 먹고 마시고 입는 것 때문에 우리의 사명을 포기하지 말자. 하나님은 바로 이런 사람들을 통해서 그분의 역사를 이루어 가신다.

이반 크람스코이의(Иван Крамской) , 광야의 그리스도(Христос в пустыне), 1872년 작품.
현재 모스크바 국립 뜨레쩨야꼬브미술관에 보관되어 있다(Государственная Третьяковская галерея).

Through the Eyes of Faith : How can we overcome temptation?

첫 번째 시험

장 가야 할 길과 지름길 사이에서
4장 지금은 대패질을 할 때입니다
5장 사람은 무엇으로 사는가?

하나님을 경배하자.

하나님을 인정하자.

하나님이 나에게 두신 뜻에 대해서

의심하지 말자.

3장

가야 할 길과
지름길 사이에서

사람은 누구나 문제가 없고 쓰라림도 없는 편안한 삶을 추구한다. 그런데 만약 내 인생에 비바람이 없고 날마다 따뜻한 햇살이 비추기만 한다면 어떻게 될까? 아마도 사막과 같이 황폐하게 될 것이다. 매일 비가 내리지 않고 햇볕만 있기 때문에 사막이 된 것이다. 정말 비바람 없는 삶을 원하는가? 과연 편안함과 안락함이 우리의 삶을 행복하게 할까? 아니다. 오히려 힘들고 어렵고 고통스러운 삶이 우리의 삶을 행복하게 할 수 있음을 알아야 한다.

페니실린penicillin을 발견한 알렉산더 플레밍Alexander Fleming, 1886-1955의 작업환경은 상당히 열악했다고 한다. 그의 연구실은 매우 좁았으며, 창문의 유리는 깨져 있어서 바람이 불면 연구실 안으로 먼지가 날아들었다고 한다. 그가 페니실린의 발견을 통해서 유명해진 이후, 어떤 사람이 그의 연구실을 방문해서 이렇게 말했다.

"이렇게 형편없는 연구실에서 페니실린을 만들었다니! 만약 당신에게 더 좋은 환경이 주어졌었다면 훨씬 더 놀라운 발견을 할 수 있었을 텐데."

그러자 그는 "이 열악한 환경이 나로 하여금 페니실린을 발견하게 해주었습니다. 저기 깨진 창틈으로 날아온 먼지로 인해 페니실린이 만들어지게 되었지요. 중요한 것은 환경이 아닙니다."라고 대답했다고 한다.

사람들은 일반적으로 어떤 일이 잘 안 될 때 그렇게 될 수밖에 없었던 이유를 주로 자기 자신이 아닌 밖에서 찾으려고 한다. 그런데 대부분의 경우에 있어서 그 원인은 상황이나 환경보다는 삶에 대한 그의 태도임을 발견하게 된다.

"어제는 역사이고, 내일은 신비이고 그리고 오늘은 선물이다(Yesterday is history, tomorrow is mystery, and today is a gift)."라는 말이 있다. 이 말의 의미는 지나간 시간은 우리가 어쩔 수 없지만, 하나님께서 우리들에게 선물로 주신 현재를 우리가 어떻게 사용하는가에 따라 우리의 미래가 결정된다는 것이다. 현재present는 하나님께서 우리에게 선물present, gift로 주신 기회이다.

그런데 그것을 잘 활용하는 사람들이 있는가 하면, 그 기회들을 그냥 흘려보내는 사람들이 있다. 가끔 자신의 만족스럽지 못한 상황을 바라보면서 "내가 왜 이런 일을 해야 돼?"라고 불평하는 사람들을 본다. 그러나 지금은 내가 왜 이런 일을 하는지 이해할 수 없지만 먼 훗날 되돌아보면서 "아, 그 일이 그래서 그랬구나."라고 깨닫게 될 때가 있다.

인생에 있어서 우연히 되는 것은 없다. 오늘 하루 내가 하는 일들이 쌓여서 내일이 되는 것이다. 따라서 우리가 깨닫지 못하지만 지금 내가 이 시점에서 하는 일들은 내일의 내가 해야 할 그 무엇을 위해서 다 필요한 것들임을 알아야 한다.

신앙은 내 삶의 현장에 의미를 부여하는 것이다

지금 그리고 여기now and here가 중요하다. 신앙은 바로 현재 내가 발을 딛고 서 있는 이 삶의 현장에 의미를 부여하는 것이다. 의미가 없어 보이는 그곳에 의미를 부여 하는 것이 신앙이다. "나의 가는 길 오직 그가 아시나니 그가 나를 단련하신 후에는 내가 정금같이 나아오리라."욥 23:10라는 말은 어떤 사람의 고백일까? 그것은 자신이 이해할 수 없는 상황을 겪는 가운데 하나님의 말씀 속에서 그 대답을 발견한 후에 하는 고백이다. 비록 지금 내가 가는 이 길이 고난의 풀무불과 같은 힘든 길이지만 실망하지 않고 오늘 내가 해야 할 일을 하는 것, 바로 이것이 내가 정금처럼 단련되는 과정이기 때문임을 알았기에 이런 고백을 하는 것이다.

수학 시간에 영어 공부하고, 영어 시간에 국어 공부하는 학생치고 공부 잘하는 학생이 없다. 수학 시간에는 수학 공부를 해야 하고, 영어 시간에는 영어 공부를 해야 한다. 지금 내가 해야 할 일이 마음에 들지 않는다고 해서, 아니면 다른 것이 더 좋아 보여서 소홀히 한다면 우리는 인생이 우리들에게 주는 기회들을 소멸하고 말 것이다. 20대에는 20대만이 흘려야 하는 땀이 있고, 30대에는 30대만이 통과해야 할 길이 있는 것이다.

하나님은 서두르지 않으신다

하박국 선지자는 말한다. "이 묵시는 정한 때가 있나니 그 종말이 속히 이르겠고 결코 거짓되지 아니하리라. 비록 더딜지라도 기다리라 지체되지 않고 반드시 응하리라."합 2:3

하나님은 서두르지 않으신다. 그러나 반드시 이루신다. 우리 자신에 대한 이러한 믿음이 필요하다. 언젠가 어느 청년에게 이와 유사한 이야기를 했더니 내게 "그런데 목사님, 너무 길어요. 그래서 너무 힘들어요."라고 말했다. 하나님께서 이루실 때를 기다리는 것이 힘이 들 수도 있다. 그러나 힘이 든다고 해서 포기해서야 되겠는가?

내가 가르치는 학생들 가운데 신학교에서 공부를 하면서 교회를 개척한 학생들이 있다. 이들이 나에게 찾아와서 많이 하는 상담 가운데 하나가 전도사이기 때문에 교인들이 안 모인다는 것이다. 그래서 "빨리 목사 안수를 받아야겠는데 방법이 없을까요?" 하고 묻는다. 나는 그때마다 "쉽고 빠른 길만을 선택하지 마라. 쉽고 빠른 길을 선택하다가 길을 잃어버릴 수도 있다."고 말한다. 화살을 멀리 날리기 위해서는 시위를 가능한 한 뒤로 힘껏 당겨야 한다. 활시위가 뒤로 당겨지면 당겨질수록 화살은 더 멀리 날아가는 법이다. 급하다고 바로 당겼다가는 화살이 금세 땅에 꽂히고 만다.

마태복음 4장 1절부터 11절에 보면 예수님께서 광야에서 사십 일을 금식하신 이후에 사단에게 시험을 받으신 내용이 기록되어 있다.

예수님께서는 사역을 시작하시기 전에 사십 일 동안 광야에서 금식하셨다. 그런데 그 사십 일 금식기도를 마치셨을 때 사단이 예수님께 나아와 세 가지 질문을 던졌다. 그 하나가 "네가 하나님의 아들이거든 이 돌들로 떡이 되게 하라."였고, 다른 하나가 예수님을 성전 꼭대기에 세워놓고 "네가 만일 하나님의 아들이거든 뛰어내려 봐라.", 그리고 세 번째 질문이 온 세상을 보여 주며 "네가 만일 내게 절하면 이 모든 것을 다 주겠다."는 것이었다.

왜 사단의 질문이 유혹이 되는가?

사단이 예수님께 던진 이 세 가지 질문의 핵심이 무엇인가? 그것은 "나는 네가 왜 이 세상에 왔는지 알고 있다. 네가 메시아라는 사실을 보여 주는 좋은 방법이 있다. 돌을 떡으로 만들어 봐라. 사람들이 너를 메시아라고 믿지 않겠는가? 또 네가 성전 꼭대기에서 떨어져도 죽지 않는 것을 보여 준다면 사람들이 너를 믿을 것이다. 네가 정말 이 세상을 회복하러 왔다면 내가 그것을 쉽게 얻는 한 가지 방법을 가르쳐 주겠다. 내게 절해라. 그러면 내가 너에게 네가 원하는 것을 주겠다."이다. 사단의 이러한 질문의 핵심은 "쉽고 빠른 길이 있는데 왜 그렇게 멀고 힘든 방법을 선택하냐?"는 것이었다.

기적이 우리를 바꾸는 것이 아니다

이러한 사단의 질문에 대해서 예수님이 무엇이라고 대답하시는가?

첫 번째 질문에 대해서 예수님은 흥미롭게도 신명기 8장 3절을 인용하셨다.

"사람이 떡으로만 사는 것이 아니라 하나님의 입에서 나오는 모든 말씀으로 산다."

예수님께서 인용하신 말씀은 모세가 이스라엘의 광야생활을 회고하면서 이스라엘 백성들에게 한 설교 가운데 하나이다. 그 내용은 먼저 이스라엘 백성들이 지난 사십 년 동안 광야에서 엄청난 기적들을 체험하였음에도 불구하고 변화되지 않았다는 것을 지적한 것이었다. 그리고 기적이 우리를 바꾸는 것이 아니라 날마다 하나님의 말씀대로 살아가기 위해서

> 하나님은
> 하나님이 원하시는 방법으로
> 당신의 뜻을
> 이루어 가신다.

애쓰고 수고하는 노력이 우리를 바꾸는 것임을 강조한 것이다. 예수님은 바로 이 말씀을 인용하면서 돌로 떡을 만드는 기적과 같은 방법을 통해 하나님의 나라가 이 땅에 이루어지는 것이 아님을 사단에게 대답하고 있다.

예수님은 "성전에서 뛰어내리라."는 사단의 질문에 대해서도 동일하게 대답하셨다. "하나님을 시험하지 말라." 성전에서 뛰어내림으로써 하나님이 그 사랑하는 자를 보호하신다는 것을 증명하는 것이 왜 하나님을 시험하는 것인가? 그 핵심은 이것이다. 하나님은 하나님이 원하시는 방법으로 당신의 뜻을 이루어 가신다. 비록 한순간에 보이는 기적을 통해서 당신이 누구인가를 증명할 수 있지만 그것이 하나님께서 원하는 방법은 아니라는 것이다.

이것은 세 번째 질문에서도 동일하게 적용된다. 사단이 예수님께 "내게 절하면 이 세상 모든 것을 주겠다."고 말한 것은 예수님께서 마땅히 거치셔야 할 과정을 생략하라는 것이다. 그리고 예수님은 이러한 사단의 제안에 대해서 단호하게 거절하심으로써 하나님이 원하시는 방법으로만 당신의 일을 이루실 것을 분명하게 선언하셨다.

경기하는 자는 법대로 해야 한다

성경은 말한다. "경기하는 자가 법대로 경기하지 아니하면 면류관^{승리관}을 얻지 못할 것이며"^{딤후 2:5} 마라톤 선수가 우승을 하기 위해서 정해진 코스대로 달리지 않고 중간에 다른 길을 선택하였다고 가정해 보자. 그가 일등으로 들어온다 해도 금메달을 딸 수는 없다.

1988년 서울올림픽 당시 100미터 남자 달리기에서 미국의 칼 루이스^{Carl Lewis, 1961-}를 제치고 9초 79라는 경이적인 기록으로 우승을 했던 캐나다의 벤 존슨^{Ben Johnson, 1961-}이라는 육상 선수가 있었다. 후에 그는 도핑 검사^{doping test}에서 약물을 복용했던 사실이 드러나 금메달을 박탈당하게 되었다. 아무리 우승을 하고 싶어도 경주하는 사람이 법대로 하지 않으면 우승을 할 수 없는 법이다. 하나님 나라의 경기도 마찬가지다.

하나님의 나라에는 쉽고 빠른 길이란 없다

영국의 격언 가운데 "이 세상에 쉽고 빠른 길이란 없다(There is no such a thing as a shortcut)."라는 말이 있다. 그렇다. 인생에는 쉽고 빠른 길이란 없다. 오늘 우리가 살면서 당하는 가장 커다란 유혹 가운데 하나가 속도에 대한 유혹일 것이다. 속도가 절대 가치가 되어버린 현대인들에게 빠른 길은 엄청난 장점으로 받아들여진다. 그래서 많은 사람들이 쉽고 빠른 길을 선택한다. 아마 쉽고 빠른 길이라는 말을 들을 때 "그게 왜 나쁠까?"라고 반문할 수 있을 것이다. 영어에서 '쉽고 빠른 길'^{shortcut}이라는 말은 '줄을 서기 싫어서 중간 과정을 거치지 않고 끼어드는 것'^{jump the queue}을 의미하기도 한다.

학생들은 누구나 시험에서 좋은 성적을 얻기 원한다. 그러나 시험에서 좋은 성적을 얻기 위해서는 해야 할 것이 있고 해서는 안 될 것이 있다. 좋은 성적을 얻기 위해서 남의 답안지나 과제물을 베끼는 것과 같은 일들이 소위 말하는 '쉽고 빠른 길'이다.

사단은 늘 그랬듯이 우리에게 유혹을 한다. "쉽고 빠른 길을 선택해. 남들도 다 그렇게 하잖아. 안 하면 너만 손해야." 계약을 따내기 위해 뇌물을 주고, 승진하기 위하여 술수를 쓰는 것들이 쉽고 빠른 길처럼 보인다. 그러나 그것은 하나님께서 원하시는 방법이 아니다. 인터넷 상에서 대가를 지불하지 않고 불법으로 음악파일이나 영화를 다운로드 받고, 지불해야 할 세금을 내지 않고 물건을 사는 것들이 쉽고 빠른 길이다.

하나님의 사람들은 하나님의 방법대로 경주해야 한다

하나님의 사람들은 하나님의 방법대로 경주해야 한다. 쉽고 빠른 길의 유혹을 버리고 우리가 마땅히 가야 할 길을 가야 한다. 이스라엘 백성들의 소원은 가나안 땅에 들어가는 것이었지만, 하나님의 관심은 가나안에 들어가서 살 그들의 삶의 태도에 있었다. 그들이 그러한 삶의 자세를 갖게 되었을 때 비로소 하나님은 그들을 가나안으로 인도하셨다.

요셉이 꿈을 꾸던 때와 그가 총리가 되던 때 사이에는 엄청난 시간적인 차이interval가 있었다. 그 시간 동안 요셉은 노예로 살아야 했고, 억울하게 모함을 받아 감옥에 갇혀야 했다. 그러나 그가 총리가 된 후에 되돌아보았을 때, 그 모든 것들은 자신이 마땅히 거쳐야 할 과정이었다. 만약 요셉이 감옥에 갇히지 않았다면 바로를 만날 수 있었을까? 요셉이 감옥에 있었기 때문에 떡 맡은 관원장官員長과 술 맡은 관원장을 만날 수 있었고, 이러한 만남이 그에게 바로의 총리가 되는 기회를 제공하게 된 것이었음을 우리는 성경을 통해서 알 수 있다. 쉽고 빠른 것만이 능사는 아니다.

나는 하나님께서 우리 그리스도인들을 통하여 이 시대를 변화시키신다고 확신한다. 지금 내 모습이 비록 앞으로 내가 될 모습과 차이가 있다고 할지라도 하나님께서 내게 두신 그 소원을 이루어 주실 것을 확신해야 한다. 이러한 믿음이 우리에게 필요하다. 그리고 이 믿음을 가지고 남들이 다 쉽고 빠른 길을 선택할지라도 우리는 마땅히 걸어가야 할 그 길을 우직하게 걸어가야 한다. 이것이 하나님께서 우리들에게 원하시는 삶의 모습이다.

울며 씨를 뿌리는 자는 기쁨으로 그 단을 거둘 것이다

하지만 그렇게 살아간다는 것이 생각처럼 쉽지는 않다. 시편 기자도 "눈물을 흘리며 씨를 뿌리는 자는 기쁨으로 그 단을 거두리로다 울며 씨를 뿌리러 나가는 자는 정녕 기쁨으로 그 단을 거두리로다."시 126:5, 6라고 고백하고 있다. 씨를 뿌리면 열매는 맺는다. 씨를 뿌리면 열매를 얻는다는 것은 누구나 안다. 그런데 왜 씨를 뿌리면서 울까? 아마도 씨를 뿌리는 상황이 쉽지 않았기 때문에 울며 씨를 뿌린다고 노래했을 것이다.

그러나 여기에 은혜가 있다. 우리의 눈물이 헛되지 않다는 것이다. 왜일까? 하나님께서 기쁨으로 그 단을 거두게 해주신다고 약속해 주셨기 때문이다.

나는 오늘의 현실 속에서 우리가 뿌려야 할 씨가 있다면 그것은 하나

> 우리는 날마다
> 내가 속한 이 삶의 현장에
> 나를 보내신 하나님의 뜻을
> 물어야 한다.

님의 말씀대로 살아가는 것이라고 본다. 하루하루 하나님의 말씀에 내 삶을 포개어 놓고 부족한 것은 보충하고 지나친 것은 잘라내는 것이다. 특별히 오늘의 현실 속에서 '정직'이라는 가치, '사랑과 섬김의 수고'라는 가치는 우리가 마땅히 지켜야 할 것들이라고 믿는다.

이 세상은 우리들에게 굳이 그렇게 힘들게 살 필요가 있냐고 유혹한다. 적당히 타협하면서 살아가지 왜 그렇게 외골수로 살아가려고 하냐고 유혹한다. 손에 잡힌다고 다 잡는 것은 아니다. 내가 잡을 것이 있고 잡아서는 안 될 것이 있다.

우리는 날마다 지금 내가 속한 이 삶의 현장에 나를 보내신 하나님의 뜻을 물어야 한다. 그리고 그 삶의 현장에서 주께서 내게 요구하시는 것들을 실천해야 한다. 학생은 학생으로, 직장인은 직장인으로, 공무원은 공무원으로, 주부는 주부로 하나님께서 요구하는 것들, 비록 그것이 일을 더디게 만들고 어렵게 만든다고 해도 우리는 그것을 해야 한다. 이것이 신앙인의 삶이고, 예수님이 이 사건을 통해 우리에게 주시고자 하시는 메시지이다.

4장

지금은 대패질을 할
때입니다

시험하는 자가 예수께 나아와 가로되 네가 만일 하나님의 아들이거든 명하여 이 돌들이 떡덩이가 되게 하라. 예수께서 대답하여 가라사대 기록되었으되 사람이 떡으로만 살 것이 아니요 하나님의 입에서 나오는 모든 말씀으로 살 것이니라 하시니 마 4:3-4

쟈끄 마르탱Jaques Martin, 1882-1973의 "수단을 정결케 하는 일에 깨어 있으라."는 말은 그리스도인의 삶의 자세에 대해 중요한 사실을 가르쳐 주고 있다. 사람들은 누구나 자신이 설정한 목표에 가급적이면 빨리 도달하기 원한다.

그러나 목표를 이루는 것도 중요하지만 그 목표에 도달하는 방법 역시 그에 못지않게 중요하다는 것을 잊어서는 안 된다. 디모데도 우리에게 "경기하는 자는 법대로 해야 할 것"딤후 2:5을 역설하고 있다. 달리기를 하는 선수의 목적은 골인지점에 도달하는 것이다. 그런데 경주하는 자가 그 결승점에 도달하기 위해 자기에게 주어진 트랙이 아닌 다른 곳을 통해서 간다면 그가 골인지점에 도착했다 해도 그가 달린 것은 무효가 된다.

목표보다는 과정을 중요시 해야 한다

사람들에 의해 소위 '개발독재'라고 평가를 받았던 1960-70년대에는 정부에서 어떤 목표를 설정해 놓고 그것을 이루기 위해서 지속적으로 목표를 강조했던 기억이 난다. 그래서 그런지 우리나라 사람들은 다른 나라 사람들보다 좀 더 목표지향적인 경향이 있다. 내가 보기에는 일단 목표가 설정되면 밤을 새워서라도, 때로는 수단과 방법을 가리지 않고 그 목표를 이루어내는 능력은 다른 어느 나라 사람들보다도 탁월해 보인다. 흥미로운 사실은 영국에서 유학하는 8년 동안 현지 교회를 출석해 보았지만 우리나라와 같이 연간 목표를 설정하고, 때로는 표어도 만들어 제창하는 것을 본 기억이 없다. 우리는 늘 목적이나 목표만을 이야기해 왔다. "너는 무엇이 될래? 네 꿈은 무엇이니? 네 목표는 무엇이니?"라는 질문을 받았을 뿐 "너는 어떻게 해서 그 목표에 도달하려고 하니?"라는 질문을 받아보지 못했다. 나는 우리가 정말 던져야 할 질문들, 고민해야 할 것들은 "어떻게 그 목표에 도달할 것인가?"라고 생각한다. 우리의 소원은 이 땅에 하나님 나라를 건설하는 것이다. 이것이 그리스도인의 삶의 목적이다. 그러나 우리가 하나님 나라를 이 땅에 건설하고자 원한다면 그 목적에 적합한 방법으로 참여해야 한다. 주기도문에 "뜻이 하늘에서 이루어진 것과 같이 땅에서도 이루어지이다."^{마 6:10}라고 말씀하신 것은 결과만을 의미하는 것이 아니라 과정도 포함하는 것이다. '어떻게'^{how}가 중요하다. 꿩을 잡는 것이 매가 되어서는 안 된다. 방법은 목적과 어울려야 한다.

예수님께서는 이 세상에서 살아가시는 동안 우리들에게 하나님의 삶의 방식을 보여 주셨다. 그리스도인이란 '그리스도를 따르는 사람들'이라는 뜻이다. 따라서 그리스도인의 삶은 내가 좋아하는 방식, 내게 익숙한

> 예수를 믿는다는 것은
> 나의 라이프 스타일이
> 바뀌는 것을 의미한다.

방식을 버리고 예수님의 방식대로 살아가는 것을 말한다. 다른 말로 표현하자면 라이프스타일lifestyle, 세계관world-view을 바꾸는 것이다. 이것이 소위 말하는 믿음 사건이다.

예수를 믿는다는 것은 나의 라이프스타일이, 세상을 보는 방식이 바뀌는 것을 의미한다. 그런데 많은 사람들이 스스로를 그리스도인이라고 말하면서도 살아가는 방식이나 세상을 보는 방식에 있어서 세상 사람들과 큰 차이가 없다. 많은 그리스도인들이 삶의 현장에서 무엇인가를 결정할 때 예수님께서 우리들에게 가르쳐 주신 방법보다는 세상의 방법이나 원리를 더 선호한다. 심지어 하나님의 일을 한다고 하면서도 세상의 방법을 더 선호하는 경우도 보게 된다.

그리스도인은 하나님의 방식대로 사는 사람들이다

만약 우리가 하나님의 나라를 이루고자 한다면 세상의 방법이 아닌 하나님의 방식대로 해야 한다. 그런데 왜 많은 그리스도인들이 하나님의 방법보다 세상의 방법들을 더 선호할까? 아마도 그것이 더 쉽고 편해 보이기 때문일 것이다. 하지만 내가 편안하기 위해서 신앙생활을 해서는 안 된다. 신앙이라고 하는 것은 어쩌면 우리에게 불편한 것일 수도 있다. 왜냐하면 신앙이라고 하는 것이 지금까지 내게 익숙한 것들, 관행과 같은 것들을 포기하고 새로운 삶의 방식을 받아들이는 것이기 때문이다.

　예수님께서 광야에서 받으신 시험에 관한 이야기는 이러한 면에서 우리들에게 많은 것은 가르쳐 준다. 예수님께서는 사역을 시작하기 전에 사십 일 동안 광야에서 금식하셨다. 그런데 사십 일 금식을 마치셨을 때 사단이 예수님께 나아와 세 가지 질문을 던졌다. 그 하나가 "네가 하나님의 아들이거든 이 돌들로 떡이 되게 하라."였고, 다른 하나가 예수님을 성전 꼭대기에 세워놓고 "네가 만일 하나님의 아들이거든 뛰어내려 봐라." 그리고 세 번째가 "네가 만일 내게 절하면 이 모든 것을 다 주겠다."는 것이었다.

사단의 질문이 유혹이 되는 이유는 무엇인가?

　우리는 이 사단의 질문을 단순한 질문으로 보지 않고 '유혹'이라고 말한다. 우리가 이것을 질문으로 보지 않고 유혹, 시험이라고 말하는 이유는 사단이 이 세 가지 질문을 통해 예수님에게 마땅히 걸어야 할 길, 지불해야 할 대가를 지불하지 않고 쉽고 빠른 길을 선택하라고 유혹했기 때문이다. "기간을 단축하는 쉬운 길이 있는데 왜 굳이 힘든 방법을 선택하느냐. 쉽게 살아가자. 어떤 방법으로 가든지 서울만 가면 되지 않느냐? 네가 원하는 목적만 이루면 되는 것 아니냐?" 그러나 예수님은 이러한 사단의 유혹에 대해서 한순간 눈에 보이는 기적을 통해서 그것을 증명할 수 있었지만 "나는 그것이 하나님께서 원하는 방법이 아니라고 믿기에 너와 사람들의 눈에 어리석게 보이는 멀고 힘든 길을 걸어가겠노라."고 대답하셨다.

사단은 정말 예수님께서 돌을 떡으로 만드실 수 없다고 생각했을까?

사단은 말한다. "네가 만일 하나님의 아들이거든 이 돌들이 떡덩이가 되게 하라."마 4:1 사단이 예수님께 "돌이 떡이 되게 하라."고 질문한 의도가 무엇인가? 사단은 예수님께서 돌을 떡으로 만들 능력이 없다고 생각했을까? 우리도 누군가 정말 말도 안 되는 일을 자신이 할 수 있다고 장담한다면 "그래? 할 수 있으면 한 번 해 봐!"라고 말할 수 있을 것이다. 사단이 정말 그런 의미로 "네가 만일 하나님의 아들이거든 이 돌들이 떡덩이가 되게 하라."고 말했을까? 아니었을 것이다. 그렇다면 예수님께 능력이 있는 것을 알고도 사단이 왜 그런 질문을 던졌을까? 만약 그러한 능력을 보여 주기만 하면 사람들이 구름떼처럼 예수님을 따르게 될 것을 몰랐을까? 아마도 알았을 것이다. 그럼에도 불구하고 사단이 예수님께 돌을 떡이 되게 하라고 한 이유가 무엇일까?

예수님께서 돌을 떡으로 만드시는 것이 잘못된 것일까?

예수님께서 돌을 떡으로 만드시는 것이 잘못된 것일까? 예수님께서 돌을 떡이 되게 하시는 것, 즉 돌을 가지고 먹을 것을 만드시는 일은 잘못된 것이 아니다. 예수님은 충분히 그것을 할 능력도 있으시고 권세도 가지고 계셨다. 무엇이 문제인가? 여기에 함정이 있다. 사단은 말한다. "하나님 나라를 이루는 것은 옳다. 나는 너의 그러한 삶의 목표를 높이 평가한다. 그런데 지금 배가 고프잖아. 금강산도 식후경인데 먼저 너의 필요를 채워야지. 돌이 떡이 되게 해라." 이 질문의 핵심은 우리가 가진 능력을 우리 자신의 필요를 채우기 위해서 먼저 사용하라는 것이다.

사단은 우리의 삶의 우선순위를 바꾸라고 말한다

나는 조이선교회의 모토moto를 참 좋아한다. "주님을 내 삶의 최우선에 두고, 두 번째로 이웃 그리고 그 다음으로 나 자신을 돌아보아야 한다(Jesus first, others second and you third)." 이것이 성경의 원리이다. 먼저 그의 나라와 그의 의를 구하고, 다음에 이웃을 돌아보는 것이다. 그리고 난 후에 자신의 필요를 채우는 것이다. 그런데 사단은 "네가 먼저다. 그 다음에 이웃이 있고 주님 혹은 하나님의 나라가 있는 것이다(you first, second others and third Jesus or the kingdom of God)."라고 말함으로써 순서를 바꾸고 있는 것이다.

신앙은 나의 필요를 채우는 것이 아니다

나의 필요를 채우는 것이 잘못된 것은 아니다. 문제는 순서에 있다. 기독교인들은 내가 가진 능력과 재능 그리고 재물이 나의 필요를 채우기 위해서가 아니라 하나님의 뜻이 이루어지도록 만들기 위해서, 다른 사람의 필요를 채우기 위해서 받은 것이라고 믿는 사람들이다. 이것이 '기독교인 됨'의 의미이다. 그런데 오늘날 많은 사람들은 신앙이 자신의 필요를 채우는 것으로 이해한다. 그래서 매일 기도하는 내용이 "하나님, 이것이 필요합니다. 저것이 필요합니다."이다. 이것과 관련해서 우리에게 성경은 무엇이라고 말하는가?

> 그러므로 염려하여 이르기를 무엇을 먹을까 무엇을 마실까 무엇을 입을까지 마라. 이는 다 이방인들이 구하는 것이다. 너희 하늘 아버지께서 이 모든 것이 너희에게 있어야 할 줄을 아시느니라. 그런즉 너희는 먼저 그의 나라와 그의 의를 구하라. 마6:31-33

신앙은 내가 무엇을 먹고 입고 마시는 것의 문제로 축소되어서는 안 된다. 그러나 오늘날 많은 교회가 복음을 마치 자신의 필요를 충족시키는 것으로 가르치고 있다. 신앙은 나의 필요를 채우는 것이 아니다. 우리의 필요가 채워지면 우리 삶이 변화될까? 마시면 마실수록 목마르고, 먹으면 먹을수록 배고픈 법이다.

나의 필요를 채우기 위해서 믿음을 이용하지 말자

이스라엘의 광야생활을 보자. 수많은 기적을 체험했지만 그들은 지속해서 기적을 요구하지 않았는가? 많은 청년들로부터 "목사님, 나 이런 은혜 받았어요."라는 간증을 듣는다. 그런데 흥미로운 사실은 그렇게 말한 사람들 가운데 상당수가 얼마 안 가서 영적인 침체에 빠져든다는 것이다. 얼마 전까지 은혜 받았다고 좋아하던 사람이 갑자기 침체에 빠져드는 이유가 무엇인가? 그 이유는 자신들의 상황이 자신이 원하는 대로 되지 않았기 때문이다. 신앙은 나의 필요를 채우기 위해서 있는 것이 아니다. 나의 필요를 채우기 위해서 믿음을 이용해서도 안 된다. "돌이 떡이 되게 하라." 신앙은 먹는 것을 넘어서는 것이다. 우리의 관심은 어떻게 하면 더 많이 먹고, 더 좋은 옷을 입고, 더 좋은 것을 가지는 것에 있지 않다.

기독교인의 삶이란 이런 것이다

기독교인의 삶을 잘 설명하는 것 가운데 하나가 청지기 의식이다. 청지기란 내가 가진 모든 것은 나의 것이 아니라 주님으로부터 잠시 위탁받은 것이고, 나는 그 위탁받은 것들을 가지고 그것을 위임한 분의 의도에 맞게 사용해야 한다는 것을 의미한다. 여기서 나온 것이 기독교인의 윤리관인 '다른 사람을 위하여'for others이다.

우리는 우리가 가진 것들을 다른 사람을 위해 섬기는 도구로 사용해야 한다. 나의 능력, 재능 그리고 지위, 내가 가진 모든 것들은 나의 필요를 채우기 위해서 있는 것이 아니라 하나님의 영광을 나타내기 위해서 하나님께서 내게 허락하신 것이다. 우리는 떡을 위해서 모이지 않았다. 오히려 떡을 나누어 주기 위해서 모인 것이다. 혼자 먹기에도 부족한 것이지만 마치 오병이어를 드린 아이와 같이 다른 사람을 위해 사용하면서 하나님의 영광을 드러내는 것, 이것이 우리의 삶이다.

예수님이 목수생활을 하셨을 때 기도로 집을 지으셨을까?

예수님이 목수생활을 하셨을 때 기도로 집을 지으셨을까? 아니면 대패질로 집을 지으셨을까? 나는 예수님께서 직접 자신의 손으로 대패질을 하시고, 정으로 돌들을 쪼으셨을 것이라 생각한다. 얼마든지 기도로 집을 지으실 수 있는 분이 왜 그런 능력들을 사용하지 않으셨을까? 여기에 교훈이 있다. 하나님께서 우리들에게 주시는 능력은 하나님의 나라를 위해서 있는 것이지 나를 위해서 있는 것이 아니다.

그는 근본 하나님의 본체시나 하나님과 동등 됨을 취할 것으로 여기지 아니하시고, 오히려 자기를 비워 종의 형체를 가져 사람들과 같이 되었고빌2:6

나는 이 말씀이 그리스도인들이 어떤 삶을 살아야 하는가를 교훈하는 것이라고 본다. 예수님은 말씀하신다. "내가 곧 길이요 진리요 생명이다." 길을 나타내는 '더 웨이'the way라는 영어 단어는 방법이라는 뜻으로도 사용된다. 이 말이 무슨 의미인가? 예수님이 바로 우리가 살아가는 삶의 방법이라는 것이다. 우리가 설정한 목표에 도달하기 위해서는 예수님이라는 방법을 사용해야 한다. 예수님의 방법, 그것은 자기희생과 섬김이다. 이것이 소위 말하는 십자가의 윤리이다. 남을 위해서 내가 고통을 받는 것, 다른 사람을 위해서 내가 마땅히 누려야 할 권리를 포기하는 것이 그리스도인들의 삶이다.

세상 사람들이 보는 교회의 모습은 어떨까?

오늘날 세상 사람들이 교회에 대하여, 교인들에 대하여 하는 말이 무엇인가? 손해 볼 일을 하지 않는다는 것이다. 교회에서 입으로는 자기희생을 말하기는 하는데 실제적인 자기희생은 도무지 찾아볼 수 없다. 오히려 자기가 가진 힘, 인맥, 재물을 가지고 자신을 위해서 사용하는 사람들이 있다. "내가 가진 돈, 내가 가진 재능, 내가 가진 인맥을 나를 위해서 사용하는데 무엇이 문제가 되는가?"라고 반문할 수 있다. 물론 세상에서는 전혀 문제가 되지 않는다. 어떤 사람은 "남을 속이는 것도 아니고, 남의 것을 빼앗은 것도 아닌데 무엇이 잘못 되었는가?"라고 반문할 수도 있다. 물론 잘못은 없다.

문제는 순서에 있다. 교회가 하는 일이 무엇인가? 가장 먼저 교회의 필요를 채우기 위해서 재정을 사용한다. 그 후에 구제 사업과 선교 사업을 하고, 그래도 재정에 여유가 생기면 하나님 나라를 위한 일에 지출한다. "교회가 자립하는 것이 먼저 아닌가?"라고 말할 수 있지만 이것은 하나님 나라의 방식은 아니다.

주님을 내 삶의 최우선 순위에 두어야 한다

주님을 내 삶의 최우선 순위에 두고 두 번째로 이웃 그리고 나 자신을 돌아보는 것이 그리스도인의 라이프스타일이다. 그러나 사단은 돌이 떡이 되게 하라고 함으로써 이 순서를 바꾸고자 했다. "먼저 너의 필요를 채워라." 오늘날 사단은 현대인들의 자기중심성을 교묘하게 파고들어 우리를 유혹한다. "먼저 너의 필요를 채워라. 그것이 우선이다. 네가 먼저 힘이 있어야, 네가 배불러야 남을 도울 수 있는 것이다."

그러나 예수님은 이러한 자기중심적인 사고를 가지고는 이 세상을 하나님의 나라로 만들 수 없음을 잘 아셨다. 그래서 돌을 떡으로 만들라는 사단의 질문에 "사람이 떡으로만 사는 것이 아니라 하나님의 입에서 나오는 말씀으로 사는 것"이라고 대답하셨다.

우리가 사는 목적은 나의 필요를 채우기 위한 것이 아니라 이 시대와 나라를 향한, 내가 속한 공동체를 향한 하나님의 뜻을 위한 것이 되어야 한다. 이 시대를 향한 하나님의 뜻이 무엇일까? 그것은 굽어진 세상, 왜곡된 삶의 방식을 바로 펴는 것이다. 그리고 그것은 나의 권리를 포기함을 통해, 우리 삶의 우선순위의 전환을 통해 이루어진다. 주님을 내 삶의 최우선에 두고 두 번째로 이웃 그리고 나서 나 자신을 돌보는 것이 하나님의 뜻이다.

복음은
힘 있는 자가 힘 없는 자를
배려해야 할 것을
말하고 있다.

본문의 이야기가 우리에게 주는 교훈은 무엇인가? 먼저는 예수님만이 우리의 방법이라는 것이다. 예수님은 자신의 능력을 자신의 필요만을 채우기 위해서 사용하지 않으셨다. 예수님은 하나님과 이웃들을 위해서 자신의 능력을 사용했다. 예수님께서 다른 사람을 위해서 자신을 희생하신 것같이 교회는 다른 사람을 위해서 희생해야 한다. 이것이 참된 교회의 모습이고, 이 방법을 통해 사람들에게 하나님 나라의 실재를 보여 주어야 한다.

이러한 면에서 그리스도인들은 손해 보는 삶을 살아야 한다. 다른 사람을 위하여 나의 필요를 내어 주는 삶을 살아야 한다. 세상은 힘 없는 자가 힘 있는 자를 섬길 것을 이야기한다. 그러나 복음은 힘 있는 자가 힘 없는 자를 배려해야 할 것을 말하고 있다. 예수께서 잡히시기 전날, 제자들과 마지막 식사를 하시면서 하신 말씀이 "내가 주와 또는 선생이 되어 너희 발을 씻겼으니 너희도 서로 발을 씻기는 것이 옳으니라."요 13:14였다.

성경은 이렇게 말한다. "우리가 아직 죄인 되었을 때에 예수 그리스도께서 우리를 위하여 죽으심으로 하나님께서 우리에게 대한 자신의 사랑을 확증하셨느니라."롬 5:8

하나님은 죄인된 우리를 위하여 예수님을 보내 주셨다. 사람이 스스로

> 교회는
> 하나님 나라의 실재를
> 이 세상에
> 보여 주어야 한다.

구원받을 수 없다는 사실을 아신 하나님께서는 약한 우리를 도와주시기 위해서 요구하지 않았음에도 불구하고 먼저 우리들에게 다가오셔서 사랑을 보여 주셨다. 이것이 기독교 가르침의 핵심이다. 기독교는 강한 자가 약한 자의 연약함을 돌아볼 것을 강조하는 종교이다. 세상은 약한 자가 강한 자를 섬길 것을 요구하지만 기독교는 강한 자가 자신의 강함을 약한 자를 위해서 사용할 것을 가르치고 있다.

그리스도인의 삶의 우선순위는 하나님 나라와 하나님의 의가 되어야 한다. 그리고 다음 순서가 이웃이고, 마지막이 나 자신이 되어야 한다. 교회의 존재 목표는 이 땅에 하나님 나라를 건설하는 것이다. 교회는 세상 사람들에게 하나님 나라의 실재를 보여 주고, 하나님 나라의 방식을 보여 주어야 한다. 질서의 하나님, 공의의 하나님, 진실하신 하나님 나라의 방식을 보여 주어야 한다.

내 유익을 위해, 나를 먼저 돌아보기 위해 하나님을 이용하고 있지는 않은지 돌아보자. 하나님이 나를 사용하시도록 하나님께 내어드려야 한다.

5장

사람은 무엇으로
사는가?

시험하는 자가 예수께 나아와 가로되 네가 만일 하나님의 아들이거든 명
하여 이 돌들이 떡덩이가 되게 하라 예수께서 대답하여 가라사대 기록되
었으되 사람이 떡으로만 살 것이 아니요 하나님의 입에서 나오는 모든 말
씀으로 살 것이니라 하시니 마 4:3-4

만약 예수님이 돌로 떡을 만들었다면 누구에게 유익할까? 사단일까?
아니다. 오히려 예수님께 유리할 것이다. 그런데도 사단은 예수님께 돌을
떡으로 만들라고 제안한다. 왜 그랬을까? 혹시 사단이 예수님께서 돌을
떡으로 만들 능력이 없다고 생각한 것은 아닐까? 예수님께서는 돌을 떡으
로 만드실 능력이 충분히 있으셨다. 요한복음 6장에 기록된 오병이어의
기적이 그 좋은 예라고 본다. 예수님은 보리떡 다섯 개와 물고기 두 마리
로 오천 명이나 되는 사람을 먹이시고 열두 바구니나 남게 하셨다. 이 기
적을 통해서 우리는 예수님께서 그와 유사한 기적을 충분히 행할 수 있는
분이라는 사실을 엿볼 수 있다.

> 예수님은 충분히
> 돌로도 떡을 만들
> 능력이 있으셨지만
> 그렇게 하시지 않으셨다.

그렇다면 왜 예수님께서는 돌을 떡으로 만드실 능력이 있음에도 불구하고 그 능력을 사용하지 않으셨을까? 그것은 사단이 마치 예수님께 유익하고 효과적인 방법을 제시하는 것같이 보이지만, 사실은 그 제안 속에 숨겨진 의도를 파악하셨기 때문이다. 요한복음 6장에 보면 오병이어의 기적을 행하신 후 수많은 사람들이 예수님을 찾아왔을 때, "내가 진실로 너희에게 이르노니 너희가 나를 찾는 것은 표적을 본 까닭이 아니요 떡을 먹고 배부른 까닭이라."요 6:26고 말씀하셨다. 또 마태복음에도 문둥병자를 고치신 후에 "아무에게도 내가 병을 고쳤다고 말하지 말라."마 8:4고 신신당부하신 내용이 기록되어 있다. 만약 예수님께서 자신을 사람들에게 알리기 원하셨다면 오병이어의 기적이나 문둥병자를 고치신 사건만큼 좋은 방법이 또 있었을까? 그러나 예수님께서 그러한 방법을 사용하지 않으신 이유는 하나님의 나라가 떡이나 병 고침으로 제한되어서는 안 된다는 것을 분명히 보여 주고자 하셨기 때문이다.

오늘날 많은 교회가 하나님의 나라를 먹고 마시는 곳으로, 이벤트 하는 곳으로, 기적을 체험하는 곳으로 만드는 것 같다. 교회는 먹고 마시는 곳이 아니다. 요즘 각 교회마다 체육시설이다 문화시설이다 하면서 투자를 많이 하기도 하는데 교회는 체육활동을 하거나 문화를 향유하는 곳도 아니다. 또 이적과 기사만 일어나는 곳도 아니다. 이런 것들이 나쁘다는 것은 아니다. 물론 교회가 지역사회와 함께해야 한다. 또 이적과 기사가 나타나야 한다. 그러나 이러한 것들이 최우선이 되어서는 안 된다. 교회는 하나님의 말씀이 선포되고, 하나님의 사랑이 나타나야 한다. 이런 면에서 나는 마태복음에 기록된 예수님의 시험에 관한 내용은 교회를 교회되게 하는 데 있어서 아주 중요한 구절 가운데 하나라고 본다.

떡이 있으면 문제가 해결될까?

기적을 체험하면 사람들이 변화될까? 나는 그렇지 않다고 본다. 이스라엘 백성들이 광야에서 사십 년간 얼마나 많은 기적들을 체험했는가? 매일 만나와 메추라기를 먹었다. 구름기둥과 불기둥을 따라서 매일 인도함을 받았으며, 하늘에서 불이 내려오는 것을 보고 홍해를 맨 땅처럼 건넜다. 그들이 사십 년 동안 체험한 기적은 너무 많아 다 열거할 수 없을 정도였다. 그런데 흥미로운 것은 그들이 경험한 기적이 그들의 삶을 바꾸지 못했다는 사실이다. 얼마 전까지 그들은 이집트에서 노예생활했던 자들이었다. 그런데 하나님의 은혜로 신분의 변화를 경험하였다. 비록 군사훈련 한 번 제대로 받아보지 못한 병사였지만 그들은 잘 무장되고 훈련된 군대들과 싸워서 승승장구했다. 그런데도 여전히 그들은 변화되지 않았다. 이런 그들에게 모세는 다음과 같이 말한다.

> 너를 낮추시며 너로 주리게 하시며 또 너도 알지 못하며 네 열조도 알지 못하던 만나를 네게 먹이신 것은 사람이 떡으로만 사는 것이 아니요 여호와의 입으로 나오는 모든 말씀으로 사는 줄을 너희가 알게 하려 하심이니라. 신8:3

광야는 패러독스paradox이다. 그곳에서 이스라엘 백성들은 수많은 기적을 체험했지만 그럼에도 불구하고 그들은 변화되지 않았다. 그래서 예수님께서는 신명기 8장 3절을 인용하시면서 "사람이 떡으로만 사는 것이 아니요 하나님의 입으로 나오는 모든 말씀으로 살 것이니라."마 4:4라고 대답하셨던 것이다.

예수님께서 돌로 떡을 만드실 능력을 충분히 가지고 계셨음에도 불구하고 만들지 않으신 이유는 예수님의 삶의 원칙과 어긋나기 때문이었다.

예수님께서 신명기 8장 3절을 인용하신 이유는 무엇인가?

도대체 예수님께서는 왜 사단의 질문에 신명기 8장 3절의 말씀을 가지고 대답하셨을까? 사단의 질문에 대한 대답으로 신명기를 인용하심으로써 자신의 삶의 원칙이 무엇인가를 분명하게 보여 주고자 하셨다. 예수님께서 돌로 떡을 만드실 능력을 충분히 가지고 계셨음에도 불구하고 만들지 않으신 이유는 예수님의 삶의 원칙과 어긋나기 때문이었다. 예수님의 삶의 원칙이 무엇인가? 그것은 아버지의 뜻대로 사는 것이었다.

이러한 삶의 원칙은 예수님의 생애 동안 철저하게 지켜졌다. 심지어 십자가를 지시기 전에 그 짐이 너무 무겁게 느껴져서 다른 길을 선택하고 싶으셨을 때에도 예수님께서는 "내 뜻대로 마음시고 당신의 뜻대로 하옵소서."마 26:39라고 고백하심으로써 그분의 삶의 원칙이 철저하게 하나님의 뜻에 따르는 것임을 우리들에게 보여 주셨다.

예수님께서 왜 광야에 나가셨을까?

마태복음 4장 1절은 "예수님이 성령에 이끌려 광야에 나가셨다."라는 말로 시작한다. 예수님이 광야에 나간 것은 자신의 의지가 아니었다. 그것이 하나님의 뜻이기 때문이었다. 2절에 보면 "예수님이 사십 일을 금식하며 주리셨다."라는 말씀이 있다. 왜 예수님이 사십 일을 금식하셨는가? 많은 이들은 이 구절을 사역의 준비로 해석한다. 그러나 예수님은 사역을 준비하시기 위해 사십 일을 금식하실 필요가 없으셨다. 예수님이 금식을 하신 이유는 단 하나, 그것이 하나님의 뜻이었기 때문이었다.

"사람이 떡으로만 사는 것이 아니요 하나님의 입으로 나오는 모든 말씀으로 살 것이니라 하셨느니라."라는 말씀은 우리들에게 떡이 이 세상을 살아가는 데 있어서 중요한 것이기는 하지만 그리스도인들은 떡 외에도 하나님의 말씀으로 살아야 함을 가르쳐 준다. 예수님은 사단에게 이렇게 말씀하셨다.

"그래, 네 말대로 먹는 것이 중요하다. 하지만 사람이 떡으로만 사는 것은 아니다. 사십 일을 굶고 나니까 정말 배가 고프다. 그런데 너 그거 아니? 사람은 단지 떡으로만 사는 것이 아니다. 먹고 마시는 것보다 더 중요한 것이 있다. 그것은 하나님의 말씀대로 사는 것이다. 나는 네 말대로 돌로 떡을 만들 능력을 가지고 있어. 하지만 하나님께서 그렇게 하라고 하실 때에만 해야 하는 거야. 그래, 나도 돌로 떡을 만들어서라도 먹어야겠다는 필요는 느껴. 가장 중요한 것은 하나님의 뜻이야. 그분이 나를 광야에 보내셨고, 그분이 나를 사십 일간 금식하게 하셨어. 내가 그 이유를 모른다고 해도 하나님은 당신의 뜻이 있기 때문에 나를 여기에 보내신 거야. 그러니까 중요한 것은 이곳에 보내신 하나님의 뜻을 내가 알고 이루는 것이야. 돌을 떡으로 만들 필요를 느낀다고 그리고 내가 할 수 있는 능력이 있다고 돌을 떡으로라도 바꾸어 먹는 것은 옳지 않아."

성도는 하나님의 뜻대로 살아가야 한다

성도는 하나님의 뜻대로 살아가야 한다. 하나님의 뜻이 우리의 행동의 유일한 근거임을 알아야 한다. 야고보서 4장 13절 이하에 보면 자신의 계획을 가지고 남들에게 떠벌리는 사람들에 대해서 이렇게 말을 한다.

> 너희 중에 말하기를 오늘이나 내일이나 우리가 아무 도시에 가서 거기서 일 년을 유하며 장사하여 이를 보리라 하는 자들아…너희가…주의 뜻이면 우리가 살기도 하고 이것저것도 하리라 할 것이거늘 너희가 허탄한 것을 자랑하도다. 약 4:13-15

이 말의 의미는 이런 것이다. 어떤 사람이 앞으로 우리가 일 년 동안 장사를 해 이런 이익을 남길 것이라는 말을 주위 사람들에게 하였다. 그런데 이 사람은 자신이 돈을 벌 것이라는 분명한 확신을 가진 듯이 보인다. 왜냐하면 15절에서 '허탄한 것을 자랑하는도다.'라고 기록된 것으로 보아 자랑으로 떠벌렸다는 것을 알 수 있기 때문이다. 그는 축적된 노하우도 가지고 있고, 또 자신감도 있었다. 그런데 성경은 이런 그에게 "내일 내가 어떤 이득을 남기겠다. 혹은 장차 어떤 사람이 되겠다. 이런 말을 하지 마라. 정말 중요한 것은 순간순간 하나님의 뜻대로 살아가는 것이다."라고 말씀하신다. 그렇다. 성도들은 단지 떡으로만 사는 사람들이 아니다. 우리는

> 새로운 시대를 맞기 위한
> 삶의 자세는
> 하나님 말씀에 대한
> 순종이다.

하나님의 말씀에 대한 순종으로 산다.

광야에서 이스라엘 백성들은 어떻게 생존할 수 있었을까? 그들에게는 광야에서 살아남을 능력이 없었다. 사십 년간 방황했기에 농사도 지을 수 없었다. 그런 그들이 광야에서 한 사람도 굶어 죽지 않고 사십 년간을 버틸 수 있었던 이유는 하나님께서 돌보아 주셨기 때문이다. 그런데 이스라엘 백성들은 자신들이 살아남을 수 있었던 진정한 이유를 깨닫지 못하고 있었다. 그래서 모세가 신명기 8장 3절에서 "너를 낮추시며 너로 주리게 하시며 또 너도 알지 못하며 네 열조도 알지 못하던 만나를 네게 먹이신 것은 사람이 떡으로만 사는 것이 아니요 여호와의 입으로 나오는 모든 말씀으로 사는 줄을 너희가 알게 하려 하심이니라."라고 가르치신 것이다. 이를 통해서 모세는 가나안이라는 새로운 시대를 맞이하기 위한 삶의 자세는 하나님의 말씀에 대한 순종임을 다시 한 번 강조한 것이다.

하나님의 나라를 떡에 관한 것으로 축소시키지 말자

의식주에 관한 문제는 인간에게 있어 가장 기본적인 것이다. 그러나 그것이 그리스도인의 삶의 목표가 될 수는 없다. 성경은 말한다. "너희는 무엇을 먹을까 무엇을 입을까 염려하지 마라 너희는 먼저 그의 나라와 그의 의를 구하라 그리하면 이 모든 것을 너희에게 더하여 주실 것이다." ^{마 6:31-33} 하나님의 나라가 의식주에 관한 것으로 제한되어서는 안 된다.

그런데 오늘날 많은 그리스도인들이 하나님의 나라를 떡에 관한 것으로 축소시키고 있다. 성전 미문 앞에 있는 앉은뱅이에게 베드로는 "네가 원하는 은과 금은 내게 없다. 그러나 나는 네게 없는 예수님의 이름이 있다. 그것을 네게 주겠다. 일어나 걸으라." ^{행 3:6}고 말한다. 이것이 복음이다. 떡은 복음이 아니다. 그런데 오늘날 많은 교회가 떡을 복음이라고 포장하고 있다.

우리가 교회에 나오는 이유는 좀 더 잘 먹고 잘사는 비결을 얻기 위함이 아니다. 교회는 이익이 있어서 나오는 곳이 아니다. 삭개오가 예수님을 만난 후 자신의 모든 것을 버리고서라도 따르겠다고 고백한 것처럼 가치 때문에 나오는 곳이 되어야 한다. 교회는 떡을 위해서 나오는 곳이 아니다. 우리가 교회에 나오는 유일한 이유가 있다면 그것은 하나님의 뜻 때문이다.

얼마 전에 한국인과 서양인들의 직업에 관한 의식을 비교한 기사를 읽은 적이 있다. 이 기사에 의하면 서구인들은 대부분 직장에서 삶의 의미를 발견하는 것에 비해 한국인은 직장을 삶의 의미를 발견하는 곳이 아니라 먹고 살기 위한 수단으로 인식하고 있다고 한다. 그러나 직업은 먹고 살기 위해서 갖는 것이 아니다. 직업을 통해서 하나님의 뜻을 이루기 위해서 일하는 것이다.

칼빈^{John Calvin, 1509-1564}은 '이중 소명'을 통해서 그리스도인들이 두 가지 영역으로 부르심을 입었다고 말하고 있다. 하나는 '세속 직업'으로의

> 우리가 하는 일이 거룩한 것은
> 그 일 자체가 거룩해서가 아니라
> 성도들이 그 일을
> 거룩하게 하기 때문이다.

부르심이고, 다른 하나는 '거룩'으로의 부르심이다. 한때 '하나님의 일'이라는 의미를 일부 종교적인 영역에만 제한시킨 적이 있었다. 교회에서 목사가 하는 일만 하나님의 일이고, 성도들이 한 주간 동안 삶의 현장에서 일하는 것은 하나님의 나라와 아무 상관이 없는 것처럼 말했다. 그러나 이것은 잘못된 생각이다. 거룩한 일과 세속적인 일이 따로 있을 수 없다. 우리가 하는 모든 일은 거룩한 일이다. 여기서 말하는 우리가 하는 일이란 성도들이 하는 일을 말한다. 우리가 하는 일이 거룩한 것은 그 일 자체가 거룩해서가 아니라 성도들이 그 일을 거룩하게 하기 때문이다.

우리가 선 곳이 거룩한 곳이다

출애굽기 3장에 보면 하나님은 모세에게 "네가 선 곳은 거룩한 곳이다."라고 말씀하셨다. 그가 선 곳은 거룩한 곳이 아니었다. 그곳은 이방 지역, 미디안 땅이었다. 소위 우리가 성지라고 부르는 이스라엘 영토도 아니었다. 그러나 하나님은 그곳이 거룩한 곳이라고 말씀하신다. 왜 그곳이 거룩한가? 하나님의 백성이 있는 곳이기 때문이다. 나는 이런 면에서 성지순례라는 표현은 잘못되었다고 본다. 이스라엘은 성지가 아니라 기독교 유적지이다. 우리가 밟고 있는 이 땅이 성지이다. 우리는 우리가 속한 곳을 성지로 만드는 사명을 가지고 있다.

"모든 것이 주에게서 나오고 주에게로 말미암고 주에게로 돌아감이라."롬 11:36라는 말씀은 우리들에게 모든 것이 주님께 속해 있다고 가르쳐 준다. 모든 것이 주님께 속해 있다. 그런데 인간의 타락 때문에, 인간의 욕심 때문에 주께 속한 그곳을 다른 곳으로 바꿔치기 해버렸다.

이제 우리는 그 모든 곳을 하나님께로 되돌리는 작업을 해야 한다. 이것이 구속이다. 우리가 선 곳이 거룩한 곳이다. 우리에게는 우리들 각자가 서 있는 곳이 거룩해지도록, 주님의 뜻이 이루어지도록 만들어야 할 책임이 있다. 그래서 현재 우리가 하는 일이 단지 먹고 살기 위해서가 아니라 하나님의 뜻을 이루기 위한 것이 된다. 이것이 기독교적 소명의식이다.

사람은 무엇으로 사는가?

사람은 떡으로 살지만 성도들은 하나님의 입에서 나오는 말씀으로 산다. 우리가 떡으로만 살아가는 것이 아니라 하나님의 뜻대로 살아가는 사람임을 세상에 나타내며 살자. 떡을 위해서, 이익을 위해서 아등바등하는 것이 아니라 하나님의 뜻을 이루기 위해서 애쓰고 수고하며 살아보자. 허탄한 것을 자랑하지 말고 하나님의 뜻을 자랑하면서 살아가자. 하나님 보시기에 선하지 않은, 하나님의 뜻에 어긋나는 방법으로 부를 얻으려 하지 말자. 중요한 것은 하나님의 뜻이다.

Through the Eyes of Faith : How can we overcome temptation?

두 번째 시험

6장 승리의 비결
7장 정말 하나님이 내 삶을 인도하시나?

우리들의 삶을
하나님의 목적이라는 관점에서 보아야 한다.
그리고 우리의 시각을 문제가 아닌
우리로 하여금 그것을 직면케 하시는 하나님의 뜻에
초점을 맞추어야 한다.

승리의 비결

이에 마귀가 예수를 거룩한 성으로 데려다가 성전 꼭대기에 세우고 가로
되 네가 만일 하나님의 아들이어든 뛰어내리라 기록되었으되 저가 너를
위하여 그 사자들을 명하시리니 저희가 손으로 너를 받들어 발이 돌에 부
딪히지 않게 하리로다 하였느니라 예수께서 이르시되 또 기록되었으되
주 너희 하나님을 시험하지 말라 하였느니라 하신대마 4:5-7

남아프리카 공화국 출신의 오스카 피스토리우스Oscar Pistorius, 1986-는
블레이드 러너blade runner라고 불린다. 그는 무릎 아래 뼈가 없는 상태로
태어나 두 발을 절단해야 했기 때문이다. 하지만 그는 자신의 장애를 딛
고 육상 선수가 되어 100미터를 10초 91로 달리는 기록까지 세웠다. 그는
남아프리카 공화국에서 일반인들과 함께 참가한 육상 경기에서 2등을 차
지하였고 2008년 북경 올림픽에 참가 신청을 했다. 그런데 육상경기연맹
은 그의 올림픽 출전권을 인정하지 않았다. 그 이유는 의족도 일종의 보

조기구이기 때문에 "육상경기 때 보조기구를 사용할 수 없다."는 경기규칙에 위배된다는 것이었다. 그는 이러한 육상경기연맹의 결정을 번복시키고자 스포츠 중재 재판소에 이의를 제기해서 결국 출전권을 얻어냈다. 100미터를 10초 91로 달리는 기록은 일반인보다는 빠른 것이기는 하지만 그래도 올림픽 경기에서 메달을 바라볼 만한 정도는 아니다. 그럼에도 불구하고 피스토리우스가 올림픽에 참가하여 다른 선수들과 함께 경기하려는 이유가 무엇이었을까?

정말 거북이는 자신이 토끼를 이길 수 있다고 생각했을까?

토끼와 거북이의 경주를 생각해 보자. 왜 거북이는 토끼와 시합을 했을까? 정말 거북이는 자신이 토끼를 이길 수 있다고 생각했을까? 만약 거북이가 토끼를 이기기 위해서 경주에 참여했다면 자기보다 앞서 달려가는 토끼를 바라보면서 자신의 한계를 인식했을 것이다. 만약 내가 거북이었다면 패배가 이미 결정된 경주를 지속하지 않고 포기했을 것이다. 그런데 이야기 속의 거북이는 그렇게 하지 않았다. 거북이는 토끼가 눈에 보이지 않아도 한 발짝 두 발짝 느린 걸음이지만 결승점을 향해서 끝까지 최선을 다해서 기어갔다.

나는 거북이가 토끼를 이길 수 없다는 것을 출발하기 전에 이미 알고 있었다고 생각한다. 그럼에도 불구하고 그가 달리기를 한 것은 토끼를 이기기 위해서가 아니라 자신이 정한 목표점에 도달하기 위해서였다. 이런 의미에서 스물세 살의 오스카 피스토리우스와 거북이는 공통점이 있다고 본다.

인생을 승부로만 보지 말자

대부분의 사람들은 이기기 위해서 달린다. 그러나 어떤 사람은 자신이 정한 목표에 도달하기 위해서 달리기도 한다. 성공이라는 것이 하나의 이데올로기가 되어버린 오늘의 현실 속에서 거북이와 오스카 피스토리우스라는 청년은 무엇인가 경쟁에서 뒤처져 보일 수도 있다. 그러나 이들은 사람이 다른 사람을 이기기 위해서 살아가는 것이 아니라 각각 자신이 설정한 목표, 자신이 걸어가야 할 그 길을 걸어가야 한다는 것을 우리에게 가르쳐 주고 있다. 나는 이러한 면에서 인생을 바라보는 우리들의 관점이 바뀌어야 한다고 본다.

사단의 두 번째 시험의 핵심은 무엇일까?

예수님이 광야에서 받으신 두 번째 시험의 내용을 살펴보자. 두 번째 시험의 내용이 무엇인가? 사단은 예수님께 이렇게 말한다.

"성전에서 뛰어내려라. 그러면 사람들은 당신이 누구인지 알게 될 것이다. 그리고 그 기적을 통해서 당신은 원하는 것을 얻을 수 있다."

사단은 지금 예수님께 사람들에게 그분의 능력을 과시하라고, 본인이 가지고 있는 능력을 이용해서 사람들에게 자신이 누구인가를 증명하고 나타내 보라고 말한다.

"생각해 보라. 네가 이 세상에 온 목적이 무엇인가? 사람들을 하나님께로 인도하기 위함이 아닌가? 만약 네가 성전에서 뛰어내려도 다치지 않는다면 너는 사람들의 주목을 받게 될 것이고 사람들은 네가 어떤 존재인지 알게 될 것이 아니냐? 그러니까 뛰어내려 봐라."

생각해 보라. 예수님이 누구인지 자신을 나타내기 위해서 이것만큼 효과적인 것이 어디에 있는가?

뭔가 보여 주겠습니다!

외국에 살다보면 피부색 때문에 알게 모르게 손해를 많이 보게 된다. 한 예로 캠브리지에서 박사과정 중에 있을 때, 친구들과 함께 카페에 가서 커피를 주문한 적이 있었다. 그때 나는 카푸치노cappuccino를 주문했었는데 종업원은 내가 주문한 것이 없다고 했다. 불과 며칠 전에 분명히 여기서 그것을 마셨었는데! 그래서 다시 한 번 카푸치노를 달라고 했다. 그런데 또 없다는 것이다. 내가 당황해 하고 있을 때 옆에 있던 친구가 카푸치노를 달라고 하자 종업원은 곧바로 카푸치노를 주는 것이었다. 그때 나는 너무 속이 상했다. 외국에서 생활한 지도 수년이 지났고, 학회에서 여러 번 발제를 했어도 내가 하는 말을 상대방이 못 알아듣는 일이 없었다. 그런데 학교 안에서 의사소통에 전혀 지장이 없었던 내 발음이 그 종업원에게는 왜 문제가 되었을까?

학교나 학회에 가면 사람들은 이미 내가 누구인지 어디에서 공부하는지 알기 때문에 가급적이면 내가 하는 말을 주의 깊게 들으려고 한다. 그런데 학교라는 울타리를 벗어나면 사람들은 나의 학문적인 배경academical background보다는 나의 피부색만 보고 내가 하는 말에 주의를 기울이지 않는다. 이런 일을 자주 겪다보니 나도 모르게 서양인을 만나면 손해 보지 않기 위해서 자신을 과시하려고 하는 습관이 생겼다.

미시간Michigan에 있는 칼빈대학Calvin College에서 박사과정 연구원Junior Research Fellow<u>으로</u> 있을 때의 일이다. 그때 같은 연구실에 있던 미국인 직원이 내게 발음이 이상하다며 "너 어디서 왔니?(where are you from?)"라고 물었다. 사실 이 말은 "어느 나라 사람이냐?"라는 말인데 나는 알면서도 일부러 "캠브리지에서 왔다(from Cambridge)."고 대답했다. 그랬더니 그 친구가 "아~그게 캠브리지 발음이구나."라고 대답했다. 그 이후로 그 친구는 내게 "발음이 이상하다(funny)."는 말을 다시는 하지 못했다. 삼십대 중반에 늦깎이 유학을 간 내가 영국식 발음을 얼마나 했겠는가? 다 콩글리시지. 그런데 캠브리지라는 말 한마디로 그 콩글리시가 정통 캠브리지 잉글리시로 바뀐 것이다.

영국에서 8년간 유학하면서 생긴 병이 있다. 그것은 '이주일 신드롬'이다. 한때 이주일이라는 코미디언이 "뭔가 보여 주겠습니다!"라는 말을 유행시킨 적이 있다. 보여 줄 것도 없는 사람이 뭔가 보여 주려고 버둥대는 것이 이주일 신드롬이다. 무엇인가를 보여 줘야 대우를 받으니까 나도 모르게 무엇인가를 보여 주어야 한다는 강박관념에 사로잡히게 된 것이다. 일반적으로 사람들은 자신을 드러냄으로써 자신의 존재감을 부각시키려고 한다. 그러한 이유 때문에 사람들은 자신을 부각시킬 만한 그 어떤 것 만들어내려고 한다. 세상은 말한다. 힘이 최고라고, 힘이 있어야 한다고, 힘 또는 성공만이 나를 알리고 내가 원하는 것을 갖게 해준다고, 힘을 가진 자가 세상을 지배한다고.

오늘날 우리가 다른 사람에게 영향을 끼치기 위해서 필요한 것이 무엇인가? 이런저런 대답이 나오겠지만 그 핵심은 힘, 내가 가진 능력이다. 옛말에 "정승집 개가 죽으면 문전성시를 이루지만 정승이 죽으면 한 명도 오지 않는다."는 말이 있다. 왜 정승집 개가 죽으면 사람이 많이 모여드는데 정작 정승이 죽으면 사람들이 오지 않을까? 그것은 힘 때문이다.

> 이러한 유혹에 대해서 예수님은
> 잘못된 방식으로
> 선한 일을 하지 않겠다고
> 분명히 선언하신다.

사람들이 그토록 권력을 추구하는 이유가 바로 여기에 있다. 세상은 우리들에게 말한다. "네 힘을 보여 줘라. 그래야 사람들이 너를 인정하고 너를 따를 것이다."

사단이 예수님께 한 유혹들은 겉으로 보기에는 그럴 듯한 명분이 있었다. 그러나 중요한 것은 그것이 하나님의 방식이 아니라 세상의 방식이라는 것이다. 자신의 힘을 과시하는 것은 세상의 방식이다. 세상은 자신의 힘을 보여 주고 힘 앞에 굴복하라고 한다. 그러나 복음은 자신이 가진 힘을 과시하는 것이 아니라 자신을 낮추고 섬기라고 말한다. 예수님께서는 열두 영보다도 더 되는 천군 천사들을 불러서 당신이 어떤 분인지 알려 주실 수 있었다. 그러나 그분은 우리 눈에 더 효과적이고 쉽게 보이는 방법이 아닌 십자가의 방법을 선택하셨다.

우리는 힘이 아닌 복음으로 세상을 변화시켜야 한다

오늘날 많은 교회가 십자가가 아닌 힘의 원리를 가지고 자신을 세상에 알리려고 한다. "뉴스 후"who에서 교회에 불리한 보도가 나가면 피켓을 들고 시청 앞으로 나가는 교인들이 있다. 그러나 내가 보기에는 이러한 방법은 주님께서 십자가를 통해서 우리에게 가르쳐 주신 원리와는 거리가 있는 듯 보인다. 우리는 힘으로 세상을 변화시키려는 사람들이 아니다. 복음으로, 섬김과 희생으로 세상을 변화시키기로 작정한 사람들이다. 이것이 그리스도인다움이다.

정말 안타깝게도 일부의 그리스도인들이 자신들의 힘을 가지고 교회나 세상에서 무엇을 해보려고 한다. 자신의 힘을 이용해서 다른 사람을 복종시키기도 하고, 자신의 인맥, 재력, 위치 등을 이용해서 다른 사람들을 지배하려고 한다. 그러나 이것은 하나님 나라의 방법이 아니라 세상의 방법이다. 힘은 누리기 위해서 주어진 것이 아니라 섬기기 위해 주어진 것인데도 자꾸 자신의 힘을 과시하려고 한다.

교회 직분도 어떤 면에서는 마찬가지이다. 사람들은 직분만 가지면 그것을 가지고 자신이 원하는 것을 이루려고 한다. 직분은 섬기는 자리이지 자신의 뜻을 관철하기 위해 큰소리치는 자리가 아니다.

사람들이 살아가면서 가장 힘들 때가 언제일까? 아마도 남들이 자신을 알아 주지 않을 때일 것이다. 신학교에서 가르치다보니 나이 많은 학생들도 많이 들어온다. 그분들 중에는 과거에 고위 공직자였던 분도 있고, 남들이 들으면 알 만한 회사의 중역을 지낸 분도 있다. 또 외국에서 이미 다른 공부를 하고 학위를 가진 분들도 있다. 이런 분들은 같이 공부하는 학우들과 교수들에게 자신은 그냥 학생이 아니라는 것을 은근히 과시하면서 자신의 과거의 경력을 밝히기도 한다. 나 역시도 외국에서 피부로 인한 차별을 받았기에 이러한 분들의 아픔을 어느 정도 이해할 수 있다.

만약 우리가 그렇다면 예수님은 얼마나 속이 상하셨을까? 사단은 바로 이러한 감정을 파고들어 이야기한 것이다.

"네가 누구인지 밝혀라. 그러면 되지 않느냐? 속상하지 않니? 억울하지 않니? 그러니 성전에서 뛰어내리라니까? 그게 최고야. 그것으로 인생 역전할 수 있어. 그것이 훨씬 쉽고 빠르잖아."

그런데 예수님은 이 방법을 선택하지 않으셨다. 나는 복음 중에 복음이 하나님이 인간되신 사건에 있다고 본다. 빌립보서 2장 6절 말씀처럼 마땅히 누려야 할 하나님의 영광을 포기하시고 종의 신분으로 낮아지신 것이 복음이다. 예수님께서 이러한 삶을 사셨다면 우리도 그러한 삶을 살아야 하지 않겠는가?

신앙 때문에 박해를 받은 초대교회 교인들은 자신의 힘을 과시하지도, 또 억울하다고 호소하지도 않았다. 그냥 묵묵히 그들의 신앙 때문에 받아야 할 고통을 받아들였다. 예수님처럼, 토끼와 경주하던 거북이처럼 자신이 걸어가야 할 길들을 당당하게 걸어갔다. 비록 그것이 자신의 모든 것을 잃게 만든다고 할지라도 그들은 그 길을 포기하지 않았다. "나를 찌르십시오. 나는 나의 피로 당신을 사랑할 것입니다."라면서 오히려 자신을 핍박하는 사람들을 품으며 죽어 갔다.

그런데 이렇게 세상 사람들이 보기에는 어리석게 보이는 방법을 선택한 이들이 3퍼센트도 안 되는 소수였고 사회적으로도 약자였지만 자신들보다 정치, 경제적으로 강자이면서 수적으로도 절대적으로 우세했던 거대한 로마를 변화시킬 수 있었다.

힘을 가지고는 세상을 변화시킬 수 없다

우리가 세상을 변화시킬 수 있는 유일한 방법이 있다면 그것은 예수님께서 성육신 사건을 통해서 보여 주신 자신을 내어 주는 원리, 갈보리 언덕에서 보여 주신 십자가의 원리이다. 특별히 광야에서 시험을 받으신 예수님은 믿음의 길을 걸어가려는 우리들에게 많은 위로가 된다. 예수님은 우리의 연약함을 모르시는 분이 아니시다. 예수님께서는 우리의 연약함을 체휼하시는 분이다.히 4:15 예수님은 우리가 이 세상을 살아가는 동안 걸어가야 할 가시밭 길을 먼저 걸어가시면서, 그것이 결코 가시밭길이 아님을 우리에게 말씀하신다. 그리고 우리들에게 세상을 얻는 방법, 진정 세상을 이기는 방법, 세상을 변화시키는 방법이 무엇인지를 보여 주신다. 그것이 바로 이 세상을 얻기 위해서 십자가에서 자기를 희생하신 방법이다.

우리는 예수님의 길을 간다고 한다. 그렇다면 예수님의 방법을 따라야 한다. 자기 버림, 희생, 섬김이야말로 우리의 신앙이 성숙하는 유일한 방법이다.

삭개오는 돈이 세상을 움직인다고 생각했기에 주위의 시선을 아랑곳하지 않고 이익이 있는 곳이라면 물불을 가리지 않고 달려갔다. 그러나 예수님을 만나고 복음이 무엇인지 깨달은 후에는 결코 힘이 세상을 바꿀 수 없음을 알았다. 그래서 남의 것을 토색한 것이 있다면 다 돌려 주겠다고 했다.

삭개오의 입장에서 보자면 네 배를 다 갚지 않아도 상관없었고, 그냥 빼앗은 만큼만 돌려 주면 되었다. 만약 자신의 말대로 하면 자신이 소유한 모든 것을 날려버릴 수도 있었다. 그러나 그는 이것이 자신이 지금까지 살아왔던 삶의 방법들을 버리고 성도로서의 삶을 살 수 있는 유일한 길임을 알았기 때문에, 자신의 재산을 다 청산하고서라도 따라야 할 가치를 발견했기 때문에 그 길을 걷고자 하였다. 이것이 복음이다.

> 사람들의 눈에는
> 더디게 보여도
> 하나님의 말씀대로 살면
> 그 자체가 성공이다.

우리가 추구하는 것이 무엇인가?

혹시 우리는 힘을 가지고 세상을 변화시키려 하고 있지는 않은가? 그것은 세상의 방법이다. 우리의 힘은 우리가 가진 어떤 것에 있지 않고 천지 만물을 창조하신 하나님께 있다. 이것을 알았던 다윗은 비록 골리앗이 가지고 있던 칼과 창과 단검이 없음에도 그에게 달려갔다. 20세기 초반에는 7퍼센트도 안 되었던 기독교인들이 한국 사회에 엄청난 영향을 끼쳤었는데, 오늘날 기독교 인구가 25퍼센트, 아니, 30퍼센트가 됨에도 불구하고 백 년 전과 비교하여 그 영향력이 엄청나게 줄어든 이유가 무엇일까?

힘을 추구하는 것, 그것은 세상의 방법이다. 크리스천은 성공 혹은 힘을 추구하는 사람들이 아니다. 오히려 힘들고 먼 길이지만 사랑과 섬김의 수고를 선택하며 살아가기로 결단하는 사람들이다. 이것이 그리스도인의 삶의 모습이다.

나를 드러내는 것이 아니라 주님을 드러내며 살자. 한순간의 기적을 통해 세상을 바꾸려고 하지 말고 하나님께서 우리들에게 정해 주신 각각의 분량대로 각자가 감당해야 할 일을 하면서 묵묵히 걸어가자. 사람들의 눈에는 더디게 보여도 하나님의 말씀대로 살면 그 자체가 성공이다.

7장

정말 하나님이
내 삶을 인도하시나?

이에 마귀가 예수를 거룩한 성으로 데려다가 성전 꼭대기에 세우고 가로
되 네가 만일 하나님의 아들이어든 뛰어내리라 기록되었으되 저가 너를
위하여 그 사자들을 명하시리니 저희가 손으로 너를 받들어 발이 돌에 부
딪히지 않게 하리로다 하였느니라 예수께서 이르시되 또 기록되었으되
주 너희 하나님을 시험하지 말라 하였느니라 하신대 마 4:5-7

요즘 인터넷에 떠돌아다니는 이야기 가운데 '잘못된 판단'이라는 제목
의 이야기가 있다. 한 남자가 약국에 들어가 "딸꾹질 멈추는 약 주세요."라
고 말했다. "예, 잠깐만요."라고 대답한 약사는 약을 찾는 척하다가 갑자기
그 남자의 뺨을 철썩 후려쳤다. 그리고는 미소를 지으며 "어때요? 딸꾹질
멈추었죠?"라고 의기양양하게 말했다. 그러자 남자가 약사를 빤히 쳐다보
며 "약이 필요한 것은 내가 아니라 내 아내인데요."라고 대답했다고 한다.
손님의 말을 채 듣지도 않고 뺨을 때린 이 약사의 모습 속에서 나는 자기
생각에 사로잡혀 살아가는 현대 크리스천의 한 단면을 본다.

삶의 한 단면만을 보고 인생 자체를 평가해서는 안 된다

어렸을 적에 두꺼비집을 만들어본 경험이 있을 것이다. 두꺼비집을 만들기 위해 제일 먼저 하는 작업은 머릿속에서 내가 만들 두꺼비집을 그려보는 것이다. 그 다음에는 모래를 파고 손 위에 모래를 덮는다. 그리고는 "두껍아, 두껍아, 헌 집 줄게 새 집 다오."라고 노래를 부르며 손을 덮은 모래를 토닥거린다. 두꺼비집을 만들어본 사람은 모래를 파고, 손을 집어넣고, 그 위에 모래를 덮고, 그것을 손바닥으로 두드리는 행동이 다 과정이라는 것을 안다. 중간에 있는 단계들은 두꺼비집을 만들기 위해서 거쳐야 할 과정일 뿐이다. 때때로 손 위에 덮인 모래가 무너질 수도 있지만 그것마저도 두꺼비집을 짓기 위한 과정일 뿐이다. 이것은 우리들에게 순간순간 일어나는 삶의 한 단면만을 보고 인생 자체를 평가해서는 안 된다는 것을 가르쳐 준다.

하나님은 실패자인 모세를 다시 부르셔서 위대한 지도자로 만드셨다

나는 하나님께서 우리를 만들어 가시는 것이 마치 우리가 두꺼비집을 만드는 것과 유사하다고 본다. 하나님은 우리를 만들어 가실 때 완성될 모습을 머릿속에 이미 그려놓고 작업하신다. 예를 들어보자. 우리는 모세를 위대한 지도자로 본다. 그러나 적어도 사십 세 때부터 팔십 세 때까지 미디안 광야에서 양을 치던 모세는 자기 스스로 보기에도 그리고 남들이 보기에도 실패자였다. 그러나 하나님은 실패자처럼 보였던 그를 호렙 산에서 다시 부르셔서 이스라엘 역사상 그 유래를 찾아볼 수 없을 정도의 위대한 지도자로 세우셨다. 예레미야 1장 5절을 보면 하나님께서는 우리가 이 세상에 태어나기도 전에 이미 우리들 각자가 해야 할 일들을 정해 놓으셨다고 말씀하셨다. 그리고 우리에게 뜻을 두신 그 하나님은 우리의 일생을 통해서 그 일들을 이루어 가신다. 이것이 그리스도인들이 자신에 대해 가져야 하는 믿음이다. 이것을 하나님의 인도하심이라고 말한다.

사단은 우리로 하여금 하나님의 인도하심에 대해 회의를 품게 한다

마태복음 4장 5절부터 7절까지를 보면 사단이 예수님께 "성전에서 뛰어내리라."고 함으로써 하나님의 인도하심에 대해 회의를 품게 하는 내용이 나온다. 사단은 "그들이 너를 손으로 붙들어 발이 돌에 부딪히지 않게 하리라."는 시편 91편 12절을 인용하면서 예수님께 "네가 만일 하나님의 아들이거든 뛰어내려 봐. 성경에 기록되어 있잖아."라고 제안한다. 여기서 우리가 주목해야 할 것은 "왜 사단이 예수님께 이 구절을 인용하면서 뛰어내리라고 말하였는가?"이다.

사단은 첫 번째 시험과 두 번째 시험에서 반복적으로 "네가 하나님의 아들이거든"이라는 사실에 대해 도전한다.

"네가 정말 하나님의 아들라면 왜 하나님께서 지난 사십 일 동안 너를 광야에서 굶주리게 하셨지? 네가 광야에서 굶주리는 동안 하나님께서는 왜 너의 필요를 채워 주지 않으시는 거야? 하나님께서 너를 인도하신다고 성경이 이야기하잖아. 그런데 네 모습을 봐. 너는 지금 고통을 받고 있잖아. 지금 네 모습은 성경이 이야기하는 하나님의 아들과 다르잖아? 다니엘 7장 13절과 14절을 보면 '하나님께서 당신의 아들에게 권세와 영광과 나라를 주고 각 방언하는 자로 그를 섬기게 한다.'고 하셨는데, 네 모습을 봐. 너는 다스릴 나라도, 너를 섬기는 백성도 없고 영광은커녕 이 광야에서 초라하게 살고 있잖아. 네가 정말 하나님의 아들이라고 생각하면 한 번 하나님을 시험해 봐. 그러면 그분이 정말 너를 인도하는지 네가 알 수 있을 것이고, 또 그분이 네게 이 나라와 백성들을 주셨다는 것도 알 수 있지 않을까?"

우리들의 삶을 하나님의 목적이라는 관점에서 바라보아야 한다

우리가 살아가다 보면 가끔씩 하나님의 인도하심에 대해 회의가 들 때가 있다. "정말 하나님께서 내 삶을 인도하시나? 만일 그렇다고 한다면 왜 내 삶이 이렇게 힘이 들지?" 우리에게 이러한 생각이 떠나지 않는 이유는 앞에서 이야기한 것과 같이 우리가 우리들의 삶을 하나님의 목적이라는 관점에서 바라보지 못하기 때문이다.

신명기 6장 16절과 17절을 보면 모세는 그들이 그토록 꿈에 그리던 약속의 땅 가나안을 눈앞에 두고 지난 사십 년간의 광야 생활을 회고하면서 "너희가 맛사에서 시험한 것과 같이 너희 하나님 여호와를 시험하지 말고 너희 하나님 여호와께서 너희에게 명하신 명령과 증거하신 규례를 지키고"라고 말하고 있다. 이 말씀은 이스라엘 백성들이 마실 물이 없어 하나님을 원망하자 모세가 반석을 쳐서 물을 낸 사건을 떠올리면서 한 말이다.

이 말을 이해하기 위해서는 출애굽기 17장 1절 이하에 기록된 이야기를 자세히 살펴보아야 한다. 출애굽 한 이스라엘 백성들이 광야를 지나가 르비딤이라는 곳에 장막을 치게 되었다. 그런데 그곳에는 소위 말하는 오아시스가 없었다. 그러자 사람들은 모세에게 "우리에게 물을 만들어 내라."고 말한다. 그때 모세는 그들에게 "너희가 어찌하여 여호와를 시험하느냐?"라고 대답했다. 마실 물이 없어서 물을 달라고 하는데 왜 이것이 하나님을 시험하는 것이 되는가?

여기서 우리는 이스라엘 백성들이 사십 년간의 광야 생활 동안에 문제가 있을 때마다 일정한 행동의 패턴을 보여왔다는 것에 주목해야 한다.

출애굽기 14장을 보면 홍해라는 문제가 생기자 그들을 애굽에서 나오게 한 모세와 하나님을 원망했다. 그리고 15장에서는 신 광야에서 먹을 것이 떨어지자 또 모세와 하나님을 원망했다. 그들이 어려움에 처할 때마다 하나님은 홍해를 갈라 주시고, 만나와 메추라기를 주심으로써 그들의 문제를 해결해 주셨다. 그런데 다시 16장에서 보는 바와 같이 르비딤이라는 곳에 이르렀을 때 이스라엘 백성들은 물이 없다는 이유로 또다시 모세와 하나님을 원망했다. 이들이 모세와 하나님을 원망하는 이유가 무엇인가? 그것은 자신들의 필요가 채워지지 않았기 때문이다. 애굽을 떠난 이후로 하나님은 지속적으로 그들을 인도하셨지만 이스라엘 백성들은 문제가 생길 때마다 그때까지 그들을 인도하셨던 하나님의 손길을 잊어버리고 또 다른 증거를 요구하고 또 요구하였다. 따라서 르비딤에서 물을 달라고 하는 것은 그동안 그들을 인도하신 하나님에 대한 깊은 불신앙을 보여 주는 것으로 보아야 한다. 바로 이러한 맥락 속에서 모세는 그들에게 "왜 하나님을 시험하느냐?"라고 말한 것이다.

왜 우리가 절망에 빠지는가?

오늘 우리들도 마찬가지다. 성경을 통해서 혹은 설교시간에 "하나님께서 우리들의 삶을 인도해 주신다."는 말씀을 듣지만 문제가 생길 때마다 그 인도하심에 대해서 회의를 품는다. 그리고 그때마다 "정말 하나님께서 나를 인도하시나? 만약 하나님이 나를 인도하신다면 왜 나의 필요를 채워 주시지 않는 거야?"라고 하나님의 인도하심에 대해서 절망한다. 이것을 뒤집어서 말하면 우리들에게 있어서 하나님은 단지 그분이 나의 필요를 채워 줄 때만 하나님이 되는 것이다. 사람들은 늘 자신들의 필요만을 채워 주는 하나님을 원한다. 하나님께서 자신의 필요를 충족시켜 주실 때에는 하늘을 나는 것처럼 지내다가 그것이 충족이 되지 않으면 깊은 절망의 나락에 빠진다. 혹시 이것이 오늘 우리들의 모습은 아닌가?

다시 신명기 16장 16절부터 17절을 보자. "너희가 맛사에서 시험한 것과 같이 너희의 하나님 여호와를 시험하지 말고, 너희 하나님 여호와께서 너희에게 명하신 명령과 증거하신 규례를 지키고" 모세가 르비딤의 사건을 인용하면서 그들에게 가르치고자 한 것이 무엇인가? 그것은 하나님의 인도하심에 대해서 회의를 품으며 살지 말고, 오히려 그 시간에 어떻게 하면 내가 하나님의 말씀대로, 하나님의 뜻대로 살 수 있는가를 생각하라는 것이다. 우리의 연약한 심성은 언제나 하나님께 증거를 요구한다. 우리는 늘 나를 향한 하나님의 뜻보다는 나의 필요를 채우는 것에만 관심이 있다.

신앙은 나의 필요를 채우는 것이 아니다

그러나 신앙은 나의 필요를 채우는 것이 아니다. 그분의 필요에 맞게 나를 드리는 것이다. 이사야 선지자는 신앙을 자신의 필요를 충족시키는 것으로 이해하는 사람들에게 말한다. "이 백성이 입으로는 나를 가까이

하며 입술로는 나를 존경하나 그 마음은 나를 멀리 떠났나니"^{사 29:13} 오늘날 많은 사람들이 하나님을 이야기하면서도 정작 중요한 하나님의 뜻보다는 자신의 필요에 초점을 맞추고 살아가면서 내가 원하는 것을 채워 주시는 분이 하나님이라고 생각한다. 그래서 자신의 뜻이 이루어지지 않으면, 자신의 필요가 채워지지 않으면 하나님을 부정해 버린다.

본문은 바로 사람들의 이러한 속성들을 날카롭게 지적한다. 사단의 질문에 대해서 예수님은 다음과 같이 대답하신다. "주 너의 하나님을 시험하지 마라." 이 말의 의미는 이런 뜻이다. "하나님이 나의 필요를 채워 주셔야만 하나님이 되시는가?" 하나님을 단지 나의 필요를 채워 주시는 분으로 축소시키지 말자. 내가 지금은 비록 느끼지 못할지라도 하나님은 나의 삶을 인도하신다. 문제가 있을 때마다 그 문제에 매달려 아등바등 대지 말자. 모든 것은 두꺼비집을 지을 때처럼 단지 과정일 뿐이다. 하나님이 내 삶을 인도하신다는 믿음이 있다면 하나하나에 일희일비하지 말고, 하나하나에 승부를 걸지 말고 하나님의 인도하심에 나를 맡겨야 한다.

예수님은 산상설교에서 이렇게 말씀하신다. "그러므로 염려하며 이르기를 무엇을 먹을까 무엇을 입을까 염려하지 마라 너희는 먼저 그의 나라와 그의 뜻을 구하라."^{마 6:31-33} 우리가 하나님의 뜻을 구하면 먹고 마시는 것은 하나님께서 알아서 해주시는 것이다.

다시 사단이 인용한 시편 91편 말씀을 보자.

(1) 지존자의 은밀한 곳에 거하는 자는 전능하신 자의 그늘 아래 거하리로다 (2) 내가 여호와를 가리켜 말하기를 저는 나의 피난처요 나의 요새요 나의 의뢰하는 하나님이라 하리니 (3) 이는 저가 너를 새 사냥꾼의 올

무에서와 극한 염병에서 건지실 것임이로다… (9) 네가 말하기를 여호와
는 나의 피난처시라 하고 지존자로 거처를 삼았으므로 (10) 화가 네게 미
치지 못하며 재앙이 네 장막에 가까이 오지 못하리니 (11) 저가 너를 위
하여 그 사자들을 명하사 네 모든 길에 너를 지키게 하심이라 (12) 저희
가 그 손으로 너를 붙들어 발이 돌에 부딪히지 않게 하리로다 (14) 하나님
이 가라사대 저가 나를 사랑한즉 내가 저를 건지리라 저가 내 이름을 안
즉 내가 저를 높이리라.

하나님이 어떤 자를 인도해 주시는가? 지존자의 은밀한 곳에 거하는
자이다. 여기서 말하는 지존자의 은밀한 곳에 거하는 자는 하나님을 피난
처로 삼고 의지하는 사람, 하나님 안에 거하는 사람을 말한다. 14절은 이
런 사람들을 향하여 "저가 내 이름을 안즉 내가 저를 높이리라."라고 말한
다. 내 이름을 안다는 것은 하나님을 하나님으로 인정한다는 것이다. 하
나님을 하나님으로 인정하는 사람들을 하나님께서 지켜 주시고 인도해
주신다는 것이다.

이것은 모세가 르비딤 사건을 인용하며 이스라엘 백성들을 교훈했던
신명기 16장 16, 17절에서도 그대로 나타난다. "너희가 맛사에서 시험한
것과 같이 너희의 하나님 여호와를 시험하지 말고, 너희 하나님 여호와께
서 너희에게 명하신 명령과 증거하신 규례를 지키고…" 우리에게 필요한
것은 증거가 아니라 하나님의 뜻대로 살아가는 것이고, 우리가 하나님의
뜻대로 살아갈 때 하나님은 우리를 인도하신다. 요한복음 15장 4절은 이
렇게 말한다. "내 안에 거하라. 나도 너희 안에 거하리라."

하나님의 인도하심에 대해서 회의가 드는가? 혹시 그 이유가 나의 필
요가 채워지지 않았기 때문은 아닌가? 우리들은 삶을 하나님의 목적이라

우리의 시각을
문제가 아닌 우리로 하여금
그것을 직면케 하시는
하나님의 뜻에
초점을 맞추어야 한다.

는 관점에서 보아야 한다. 그리고 우리가 직면한 문제들만 바라보지 말고, 우리로 하여금 그것들을 직면케 하신 하나님의 뜻에 초점을 맞추어야 한다. 야고보는 말한다. "너희 중에 지혜가 부족하거든 후히 주시고 꾸짖지 아니하시는 아버지께 구하라. 그리하면 주시리라."^{약 1:5} 지혜란 믿음을 적용하는 능력을 말한다. 믿음이 있는데 현실 앞에서 자꾸 내 믿음이 무너진다고 느껴지는가? 그렇다면 하나님께 믿음의 관점에서 내 삶을 바라볼 수 있게 해달라고 기도하자. 이것이 그리스도인들이 마땅히 가져야 할 삶의 태도이다. 내 삶의 문제들 앞에서 일희일비 하지 말자. 하나님께서 내 인생을 인도하신다는 것을 믿는다면, 하나님의 손길에 나를 맡겨보자.

실패한 자처럼 보였던 모세를 인도하셨던 그 동일하신 하나님께서 내 삶을 인도하실 것이다. 성경은 말한다. "하나님을 사랑하는 자 곧 그의 뜻대로 부르심을 입은 자들에게는 모든 것이 협력하여 선을 이루느니라."^{롬 8:28} 하나님의 뜻대로 살아가는 사람들에게는 실패가 없다. 시련은 있을 수 있다. 그러나 그것은 과정이고, 하나님은 결국 우리를 원래 의도하신 그 모습대로 만들어 가실 것이다. 하나님을 시험하지 말자. 하나님의 인도하심을 의심하지 말자. 오히려 그 시간에 나를 행하신, 이 시대를 향하신 하나님의 뜻을 추구하며 살자.

우리는 신자답게 살아가야 한다.
이것이 하나님을 경배하는 것이다.

세 번째 시험

그리스도인들은 자신이 아니라

하나님을 드러내기 위해서 살아가는 사람들이다.

8장

너는
'사브라'다

마귀가 또 그를 데리고 지극히 높은 산으로 가서 천하만국과 영광을 보여
가로되 만일 내게 엎드려 경배하면 이 모든 것을 네게 주리라. 이에 예수
께서 말씀하시되 사단아 물러가라 기록되었으되 주 너희 하나님을 경배
하고 다만 그를 섬기라 하였느니라. 마 4:8-10

"저스트 두 잇!(Just Do It)"이라는 나이키 광고가 있다. 이 광고를 보면
마이클 조던Michael Jordan이라는 농구선수가 혀를 내밀고 공을 드리볼을
한 후에 하늘을 날아서 덩크슛을 시도를 한다. 그리고 그 공이 링에 들어
가는 순간 갑자기 화면이 사라지고 검은색 바탕화면에 "저스트 두 잇!"이
라는 문구가 나온다. 이 광고가 우리들에게 던지는 메시지는 "저스트 두
잇! 한 번 해 봐. 전술만 논하지 말고, 회의만 하지 말고, 한 번 해봐."이다.
　나는 하나님께서 우리들에게 하고 싶은 말이 바로 이와 같다고 본다.
이사야와 에스겔, 이들은 모두 이 세상을 향한 하나님의 비전을 본 후에
바로 그 말씀에 순종하였다. 우리가 주님을 만났다면, 주님이 우리가 무

엇을 하기를 원하시는지 알았다면 그대로 행해야 한다.

키에르케고르Sören Kierkeggard, 1813-1855는 왕의 칙령이라는 비유를 통해서 성경 읽기와 관련해서 우리에게 중요한 사실을 지적하고 있다. 하루는 왕이 신하들에게 칙령을 내렸다. 그런데 신하들은 그 왕의 명령에 순종하는 대신에 왕이 내린 조서를 분석하고 있었다. 그리고 매일 그 조서에 대한 새로운 해석들이 나왔다.

왕의 조서는 해석을 요구하는 것이 아니라 순종을 요구하는 것임에도 불구하고 조서를 해석하는 신하들의 모습은 성경말씀에 대한 오늘날 우리들의 태도를 잘 보여 주고 있다고 생각한다. 말씀을 읽었는가? 그렇다면 그 말씀대로 살아야 한다. 하나님의 말씀은 순종하기 위해서 읽는 것이지 분석하기 위해서 읽는 것이 아니다.

기독교인들의 삶에서 능력이 사라진 이유는 무엇인가?

오늘날 기독교인들의 삶에서 능력이 사라진 이유 가운데 하나는 순종이 사라졌기 때문이다. 그리스도인들이 하나님의 말씀에 순종하지 않는 이유가 무엇일까? 아마도 그것은 하나님의 말씀대로 사는 것이 불편하게 느껴지고, 무엇인가 나에게 손해를 요구하는 것처럼 보이기 때문일 것이다.

신앙은 내가 원하는 것을 이루기 위한 수단이 아니다. 앞장에서 이야기 한 것과 같이 사단은 늘 우리들에게 신앙을 수단화하라고 유혹한다. 하지만 믿음은 나의 필요를 채우기 위한 수단이 아니다. 신앙이란 오히려 하나님의 뜻을 이루기 위해서 나를 드리는 것이다.

기도는 하나님의 뜻을 나의 뜻으로 받아들이는 것이다

많은 그리스도인들이 이 부분을 크게 오해하고 있다. 예를 들어보자. 기도의 정의가 무엇인가? 우리는 기도를 "하나님과의 대화"라고 말한다. 그렇다. 기도는 하나님과의 대화이다. 그런데 왜 우리가 하나님과 대화를 할까? 대화라는 말 속에는 쌍방성이 내포되어 있다. 그런데 우리가 생각하는 기도란 대화라기보다는 주로 우리의 요구를 하나님께 관철시키는 것이다. 기도는 나의 뜻을 강요하는 것이 아니다.

예수님께서 겟세마네 동산에서 하신 기도는 우리들에게 기도가 무엇인지 분명하게 가르쳐 주고 있다. 예수님은 지속적으로 하나님께 십자가를 지지 않겠다고 기도를 하셨다. 그런데 하나님으로부터 아무런 반응이 없자 예수님께서는 당신이 요구한 것이 잘못되었음을 깨달으셨다. 그리고는 "주여, 내 뜻대로 마옵시고 당신의 뜻대로 하옵소서."^{마 26:39}라고 기도의 내용을 바꾸셨다. 이것이 주님께서 우리에게 새롭게 정의해 주신 기도이다. 기도는 내 뜻을 하나님께 강요하는 것이 아니라 하나님의 뜻을 나의 뜻으로 받아들이는 것이다.

그리스도인이란 하나님의 뜻대로 살아가는 사람들을 말한다

그리스도인들은 하나님의 뜻대로 살아가기로 작정한 사람들이다. 그런데 우리는 늘 우리의 생각을 고집하고 오히려 하나님의 뜻을 꺾으려 한다. 이것은 그리스도인들이 가져야할 올바른 태도가 아니다. 그리스도인들은 하나님의 뜻대로 살아야 한다. 우리의 기도는 "뜻이 하늘에서 이루어진 것같이 땅에서도 이루어지는 것"^{마 6:10}이다. 하나님의 뜻이 땅에서 이루어진다고 하는 것은 내 삶도 포함한다. 우리는 주님의 뜻이 이 땅에 이루어지기를 기도하면서도 정작 내 삶 속에 이루어져야 할 하나님의 뜻에 대해서는 관심을 기울이지 않는다.

세상은 우리들에게 세상을 살아가는 지혜에 대해서 이야기한다. 우리가 원하는 것들을 이루기 위해서 그럴 듯해 보이는 방법들을 보여 주고, 이러한 것들이 이 세상을 살아가는 지혜이며 성공하는 방법들이기 때문에 그것들을 선택하라고 말한다. 쉽고 빠른 길에 대한 유혹은 늘 우리들 앞에 놓여 있다. 창세기 3장에서 하와가 사단의 유혹을 받았을 때처럼 그 유혹은 너무 달콤해서 정말 보암직하고, 먹음직하고, 또 지혜롭게 할 만큼 탐스러워 보일 수 있다. 그런데 우리 눈에 쉽고 빠르게 보이고 그럴 듯해 보이는 방법들이 하나님의 뜻과는 다를 수 있다는 것을 간과해서는 안 된다.

믿음은 성공을 위한 긍정의 힘이 아니다

그리스도인이란 예수님께서 보여 주신 삶의 원리대로 살아가는 사람들이다. 예수님께서 보여 주신 삶의 원리는 '자기 비움'이다. 그리스도인들은 하나님과 이웃을 위하여 내가 마땅히 누려야 할 권리들, 유익들을 포기하고 예수님과 같이 자신을 비워야 한다. 신앙은 내가 무엇을 얻기 위한 것이 아니라 오히려 다른 사람과 하나님의 뜻을 이루기 위한 것이다. 믿음은 성공을 위한 긍정의 힘이 아니라 복음을 위해서 고난을 받는 것이다. 이러한 관점에서 보자면 그리스도인의 삶이란 하나님의 말씀대로 살기 위해서 불편함을 감수하는 것이다.

마태복음 4장 8절에서 9절을 보면 사단이 예수님께 던지는 세 번째 질문의 내용이 기록되어 있다.

"마귀가 또 그를 데리고 지극히 높은 산으로 가서 천하만국과 그 영광을 보여 가로되 만일 내게 엎드려 경배하면 이 모든 것을 네게 주리라."

사단의 마지막 질문의 내용은 "권력과 성공 그리고 명예와 같은 것을 네게 줄 테니 나를 섬기라."는 것이다. 사단은 먼저 돌이 떡이 되게 하라고 함으로써 "너의 필요를 채워라. 그것이 먼저다."라고 말했다. 그리고 두 번째로 성전에서 뛰어내리라고 함으로써 "너를 내세워라. 네가 세상의 중심이다."라고 유혹했다. 하지만 그러한 사단의 시도는 실패로 돌아갔다.

첫 번째와 두 번째 유혹에서 실패한 사단은 세 번째 질문을 통해서 자신의 속셈, 자신이 예수님께 다가온 근본적인 의도를 드러낸다. 그것은 "나를 섬기라."는 것이다. 사단은 말한다. "나를 섬겨라. 그러면 내가 돈과 명예와 권력과 같은 것들, 네가 필요로 하는 모든 것들을 주겠다." 사단은 세 번째 질문을 통해서 정체성에 대한 도전을 하고 있는 것이다.

"네가 원하는 것들이 무엇인가? 내가 그것을 네게 줄 수 있다. 그러니까 나를 섬겨라."

예수님께서 십자가를 지신 이유는 무엇인가?

예수님께서 십자가를 지신 이유가 무엇인가? 겟세마네 동산에서 십자가가 너무 무거워 "될 수만 있다면 이 잔을 내게서 멀리 해주시옵소서. 내 짐이 너무 무겁습니다."라고 기도하셨던 예수님께서 "내 뜻대로 마옵시고 아버지의 뜻대로 하옵소서."라고 한 이유가 무엇일까? 그것은 예수님께서 당신이 이 세상에 오신 이유가 아버지의 뜻을 행하기 위함임을 분명히 인식하셨기 때문이다. 그래서 비록 십자가가 버겁기는 하지만 아버지의 뜻이라면 그 힘든 십자가를 달게 지겠다고 기도한 것이다.

앞에서 그리스도인이란 아버지의 뜻대로 사는 사람임을 이야기했다. 기독교인의 정체성은 바로 여기서 시작된다. 우리를 기독교인 되게 하는 것은 우리의 타이틀이나 우리가 하는 봉사가 아닌 아버지의 뜻대로 살아가는 삶이다.

그리스도인의 정체성 : 나는 하나님만 경배하는 사람이다

"악마는 프라다를 입는다"라는 영화에서 '런웨이'runway 잡지 편집장 나이젤Nigel은 안드레이Andrea에게 이렇게 말한다.

"지금 네가 서 있는 이 자리에 오기 위해서 악마에게 영혼을 팔 준비가 되어 있는 사람들이 수백 명이나 있다."

그의 말처럼 오늘날 자신의 원하는 것을 얻기 위해서 자신의 영혼을 악마에게 내주는 사람들이 얼마나 많은지 모른다. 괴테Johann Wolfgang Goethe, 1749-1832의 『파우스트Faust』에 보면 자신이 원하는 것을 얻기 위해 악마에게 자신의 영혼을 팔지만 결국 자신이 원하는 것을 얻지 못하고 파멸에 이르게 되는 한 사람에 대한 이야기가 나온다. 사단이 우리에게 약속하는 것들이 당장 우리들 눈에 달콤하게 보일지라도 종국에는 우리를 파멸로 이끈다는 것을 알아야 한다. 왜냐하면 사단은 실제로 우리들에게 그 모든 것을 줄 권한이 없기 때문이다. 단지 우리로 하여금 자신이 우리가 원하는 모든 것을 줄 수 있는 것처럼 믿게 할 뿐이다. 예수님께서는 이러한 사실을 너무도 잘 아셨기 때문에 "나는 하나님을 경배하고 섬긴다. 이것이 나의 정체성이다."라고 대답하셨다.

삶 속에서 하나님의 하나님 되심을 인정하자

하나님을 경배한다는 것은 내 삶 속에서 하나님의 하나님 되심을 인정하는 것을 말한다. 하나님의 주권을 인정하고 하나님의 뜻대로 살아가는 것이다. 베드로전서 2장 9절에서 베드로는 그리스도인의 정체성에 대해서 다음과 같이 말한다.

> 오직 너희는 택하신 족속이요 왕 같은 제사장이요 거룩한 나라요 그의 소유된 백성이니 이는 너희를 어두운 가운데서 불러내어 그의 기이한 빛에 들어가게 하신 아름다운 덕을 선언하게 하려 하심이라. ^{벧전 2:9}

성경에서 말하는 '거룩'이란 구별됨을 의미한다. 따라서 '거룩한 백성'이란 이 세상 사람들이 살아가는 삶의 원리와 다른 원리를 가지고 살아가는 사람들을 의미한다. 그리고 우리는 이러한 구별됨을 통해서 하나님의 하나님 되심을 온 세상에 선포한다. 이것이 그리스도인 됨이다.

성경에서 기독교인의 정체성과 관련해서 가장 많이 등장하는 단어가 이 '제사장'이라는 단어이다.

출애굽기 19장 6절은 "너희는 내게 대하여 제사장 나라가 되며 거룩한 백성이 되라."고 하고 있으며, 이사야 61장 6절 역시 "오직 너희는 여호와의 제사장이라 일컬음을 받을 것이라."고 말하고 있다. 그리고 요한계시록 1장 6절도 우리들에게 "그 아버지 하나님을 위하여 우리를 나라와 제사장으로 [삼으셨다]."라고 말하고 있다.

여기에서 우리는 하나님께서 언제 당신의 백성들에게 제사장이라는 정체성을 확인시켜 주셨는가 하는 점에 주목해야 한다. 하나님은 시내 산에서 불과 일 년 전까지만 해도 노예로 살고 있었던, 그리고 지금 광야에서 의지할 데 없이 헤매고 있는 그들에게 "너는 제사장이다."라고 말씀하신다.

이사야서 61장도 이와 유사한 컨텍스트 속에서 주어진 말씀이다. 이제 막 바벨론 포로 생활을 마치고 고향에 돌아온 그들에게 "너는 제사장이다."라고 말씀하셨다.

베드로전서와 요한계시록도 마찬가지이다. 신앙 때문에 고난을 받아야 했던 그들에게 말씀하신다. "너는 제사장이다."

도대체 "너는 제사장이다."라는 말이 각각의 시대를 살고 있던 사람들에게 무엇을 의미했겠는가? 한 사람의 정체성은 그의 행동을 결정한다. 각각의 시대에 살고 있던 사람들에게 가장 시급하게 다가왔던 문제는 '어떻게 하면 광야의 위험 속에서 살아남을 수 있을까?' 하는 것이었을 것이다. 먹을 것도 충분치 않고, 뜨거운 햇볕을 피할 곳도, 차가운 밤공기로부터 자신들을 보호해 줄 곳도 없었던 상황 속에서 살고 있던 사람들에게 절실한 문제가 무엇일까? 바벨론 포로에서 돌아와 무너진 집과 황폐한 토지들을 바라보았던 사람들에게 절실히 필요했던 것이 무엇일까? 신앙 때문에 손해를 보며 살아야 했던 사람들에게 가장 절실하게 다가온 것이 무엇일까?

신자는 설명에 의해서 살지 않고 약속에 의해서 산다

신자는 설명에 의해서 살지 않고 약속에 의해서 산다. 성경을 보면 인간은 늘 설명을 요구하고 하나님은 약속하시는 것을 본다. 각각의 시대에 살고 있던 사람들에게 "너희는 제사장이다."라는 정체성을 재확인해 주는 작업은 지금 자신들이 직면한 문제를 해결해 주지 못하는 것처럼 보일 수 있다. 그래서 많은 이들이 "우리의 정체성이 뭐가 중요하냐. 당장 내가 배가 고픈데. 당장 내가 어려운데."라면서 자신의 정체성을 포기해 버리고 세상의 원리를 따라 살아가고 있다. 바로 이것이 사단이 노리는 것이다.

"네 정체성을 포기해. 네 신앙 때문에 손해 보잖아. 직장 상사가, 동료들이, 사람들이 너를 왕따 시키잖아. 적당히 타협하면서 살아. 그게 바로 세상을 사는 지혜야."

사단의 유혹에 넘어가지 말자. 사단에게 지지 말자. 당당하게 그리스도인답게 살자. 천하만국을 다 준다고 해도 눈 하나 깜짝하지 말고 나는 하나님만 섬기겠다고 말하자.

우리는 선한 일을 위하여 지으심을 받았다

에베소서 1장 10절은 이렇게 말한다. "우리는 선한 일을 위하여 지으심을 받았다." 선한 일은 다른 사람들을 살리는 일이다. "나 혼자 먹고 살기도 힘들어 죽겠는데 무슨 남을 살리는가? 이제 겨우 노예의 신분에서 해방되었고 포로에서 풀려났고, 지금 핍박받고 있는데, 내 것을 챙기기도 힘든데 어떻게 다른 사람을 살리는 일을 할 수 있는가?"라고 말할 수 있다.

하지만 우리는 선한 일을 위하여 부름을 받은 존재들이다. 우리 자신의 쾌락이나 만족을 위해서 그리스도인이 된 것이 아니다. 다른 사람들을 살리기 위해서, 무너진 성읍을 사람 살 곳이 되게 하기 위해서, 무너진 관계를 회복하기 위해서 부름 받은 사람들이다.

사단은 우리가 이러한 우리들의 삶의 정체성을 깨닫지 못하게 하기 위해, 우리들이 그리스도인답게 살지 못하게 하기 위해 삶의 목적을 바꾸라고 유혹하고 있다. 찬양 가사에도 있지만 우리가 원하는 한 가지가 있다면 그것은 주님의 기쁨이 되는 것, 즉 주님께서 원하시는 삶, 주님께서 요구하시는 삶을 사는 것이 되어야 한다. 주님이 원하는 삶이 무엇인지 이 장에서 구체적으로 열거하지 않으려고 한다. 그것은 이미 성경에 다 기록되어 있고, 또 이미 우리들도 주께서 무엇을 원하시는지 알고 있다. 주님께서 원하시는 대로 살자. 이것이 하나님을 경배하는 삶이다. 우리의 정체성이 바로 여기에 있다.

그리스도인은 하나님의 말씀대로, 하나님께서 원하시는 삶을 사는 사람들이다. 하나님께서 기뻐하시는 것이라면 손해를 보더라도, 비록 그것이 십자가를 지는 고통이라도 달게 받겠다고 하는 것이 우리가 마땅히 보여야 할 삶의 태도이다. 믿음은 설명이 아니라 열정이다. 지금 우리에게 필요한 것이 있다면 그것은 주께서 말씀하신 대로 주님께서 원하시는 삶을 살아가는 것이다.

상황이 어렵다고 말하지 말자. 우리는 상황에 의해서 살아가는 사람들이 아니다. 상황은 늘 우리를 좌절하게 만든다. 그러나 우리의 행동은 상황에서 나오는 것이 아니라 우리의 정체성으로부터 나오는 것이다.

너는 '사브라'Sabra다

유대인들은 자신들의 자녀를 '사브라'sabra라고 부른다. '사브라'란 비가 오지 않고 땡볕이 내리쬐는 사막이라는 악조건 속에서 살아남은 선인장에 피는 꽃을 말한다. 유대인들이 자신들의 자녀를 '사브라'라고 부르는 이유는 바로 가장 긴 가시 끝에 아름다운 꽃을 피어나게 하신 하나님의 섭리를 깨달아서 어렵다 포기하지 말고 끝까지 인내하면 너의 삶 속에서 아름다운 열매를 맺을 것이라는 메시지를 전하기 위해서이다.

삶이 힘들다고 느껴지는가? 그렇다고 우리의 정체성을 포기하지 말자. 현실에 굴복하지 말고 오히려 믿음으로 그 현실을 극복해 보자. 타협하면 다 얻을 것 같지만 결국 다 잃고 만다. 우리는 신자답게 살아가야 한다. 이것이 하나님을 경배하는 것이다.

'사브라'란 비가 오지 않고 땡볕이 내리쬐는 사막이라는
악조건 속에서 살아남은 선인장에 피는 꽃을 말한다.
유대인들이 자신들의 자녀를 '사브라'라고 부르는 이유는
바로 가장 긴 가시 끝에 아름다운 꽃을 피어나게 하신
하나님의 섭리를 깨달아서 어렵다 포기하지 말고
끝까지 인내하면 너의 삶 속에서 아름다운 열매를
맺을 것이라는 메시지를 전하기 위해서이다.

9장

✽✽✽
✽✽✽

이기는 습관

마귀가 또 그를 데리고 지극히 높은 산으로 가서 천하만국과 영광을 보여
가로되 만일 내게 엎드려 경배하면 이 모든 것을 네게 주리라 이에 예수
께서 말씀하시되 사단아 물러가라 기록되었으되 주 너희 하나님을 경배
하고 다만 그를 섬기라 하였느니라. 마 4:8-10

토끼와 거북이의 두 번째 시합에서 누가 이겼을까?

'토끼와 거북이의 경주 그 이후'라는 이야기가 있다.

거북이와의 경주에서 진 토끼는 너무 속이 상해서 거북이에게 두 번
째 시합을 제안하였다.

"거북아, 우리 저쪽 산꼭대기에 있는 나무까지 달리기 경주를 한 번 더
하자. 내가 네게 졌다는 사실이 너무 속상해서 견딜 수 없어."

거북이는 토끼의 제안을 받아들였고 토끼와 거북이의 두 번째 경주가
시작되었다. 이번에야말로 거북이를 이겨서 무너진 자존심을 회복하려고

> 삶의 의미가
> 단지 이기기 위해서
> 살아가는 것으로
> 축소되어서는 안 된다.

했던 토끼는 정말 열심히 달렸다.

문득 토끼의 마음속에 좀 더 극적인 방법으로 이겨서 거북이의 코를 납작하게 해줘야겠다는 생각이 들었다.

"지난 번 경주처럼 나무 밑에서 자는 척하다가 거북이가 안심하는 순간 달려가서 골인지점을 통과하는 거야."

토끼는 나무 밑에서 잠자는 척을 했다.

그런데 한참이 지나도 거북이가 오지 않았다. 거북이가 어디쯤 오나 두리번거리던 토끼는 거북이가 반대편 언덕을 헐떡거리며 오르는 것을 발견하고 '저런 멍청한 녀석, 엉뚱한 곳으로 달리고 있잖아.'라고 생각했다. 그러다 그순간 토끼는 거북이가 기어오르는 언덕이 바로 골인지점이라는 것을 발견하게 되었다. 토끼는 극적인 승리를 궁리해 내고 지난번 경주 때 자신이 잠들던 나무와 비슷하게 생긴 나무를 찾았다가 그만 결승 지점에서 너무 멀리 와버렸던 것이다. 뒤늦게 사태를 깨달은 토끼는 사력을 다해서 달렸지만 이미 거북이가 결승 지점에 도달한 이후였다.

물론 이 이야기가 토끼와 거북이의 경주를 패러디한 것이지만 나는 이 토끼의 모습 속에서 오늘날 우리들이 자주 빠지기 쉬운 함정을 발견했다. 그것은 자신의 과거의 상처에 대한 기억 때문에 그것을 벗어나지 못하고 동일한 실수를 범하게 되는 것이다.

요즘은 인생을 하나의 경주처럼 보는 것이 하나의 트렌드인 것 같다. 그래서 많은 사람들이 전옥표 씨의 『이기는 습관』과 같은 책들을 보면서 인생이라는 경주에서 이길 수 있는 방법을 발견하려고 한다. 요즘 나오는 성공학이나 인간관계에 대한 책들은 대부분 이런 관점으로 쓰여졌다. 그런데 정말 우리들의 삶의 목표가 승부에서 이기기 위한 것일까? 우리가 인생을 승부라는 관점에서만 보는 것은 아닌가 하는 생각이 든다.

나는 우리의 삶의 의미가 단지 이기기 위해서 살아가는 것으로 축소되어서는 안 된다고 본다. 우리가 살아가는 이유는 이기기 위해서가 아니라 이 땅에 하나님 나라를 건설하기 위해서, 이 땅에 정의가 물처럼 공의가 하수처럼 흐르게 하기 위해서이다. 이런 면에서 이사야 11장 6절에서 9절에 나타난 이사야의 환상은 우리들에게 많은 것을 교훈한다.

> 이리가 어린 양과 함께 거하며 표범이 어린 염소와 함께 누우며 송아지와 어린 사자와 살진 짐승이 함께 있어 어린아이에게 끌리며…젖 먹는 아이가 독사의 구멍에서 장난하며 젖 뗀 어린아이가 독사의 굴에 손을 넣은 것이라 나의 거룩한 산 모든 곳에서는 해됨도 없고 상함도 없을 것이니 이는 물이 바다를 덮음같이 여호와를 아는 지식이 세상에 충만할 것임이라. 사 11:6-9

이것이 이사야가 꿈꾸던 새 하늘과 새 땅의 모습이었다. 이사야가 그리던 나라는 사람이 자신의 힘을 이용해서 약자를 잡아먹는 약육강식의 나라가 아니라 서로 더불어 살아가는, 서로가 서로를 통해서 힘을 얻는 나라였다. 나는 이것이 우리 그리스도인들이 추구해야 할 삶의 목표라고 생각한다. 이리와 양이 싸움의 대상이 아니고 사자와 살진 짐승이 먹고 먹히는 관계가 아닌, 서로 으르렁거리던 사람들이 어떻게 더불어 살아가는 관계로 바뀌게 될 수 있을까? 그것은 이사야 11장 9절 말씀과 같이 "물이 바다를 덮음과 같이 여호와를 아는 지식이 이 세상에 충만할 때" 가능하게 된다.

하나님의 말씀만이 왜곡된 관계를 회복시킬 수 있다

하나님을 아는 지식, 즉 하나님의 말씀만이 왜곡된 관계를 회복시킬 수 있다. 하나님의 말씀만이 우리가 이 시대를 변화시킬 수 있는 가장 강력하고 또 유일한 무기이다. 그런데 자꾸 사단은 우리들에게 우리의 무기가 다른 곳에 있다고 말한다. 나는 성경에 기록된 이야기 가운데 다윗과 골리앗 이야기를 아주 좋아한다. 전쟁터에 나온 이스라엘 군사들이 좌절에 빠진 이유가 무엇인가? 그들에게는 블레셋 사람들이 가지고 있는 그 무엇이 없음을 알았기 때문이었다. 당시 블레셋에게는 골리앗이라고 하는 엄청난 무기가 있었다. 그는 장수였고, 덩치도 아주 컸다. 게다가 이스라엘 농민군들이 가지고 있지 않은 칼과 창과 단검을 가지고 있었다. 바로 이러한 이유로 그들이 좌절에 빠진 것이다.

그러나 다윗은 다른 이스라엘 군사들과 달랐다. 그는 자신이 소유하지 못한 것을 바라보지 않았다. 그는 골리앗에게 이렇게 이야기한다.

"너는 칼과 창과 단검으로 내게 오거니와 나는 만군의 하나님 여호와의 이름으로 네게 나아가노라…여호와의 구원하심이 칼과 창에 있지 아니함을 이 무리로 알게 하리라. 전쟁은 여호와께 속한 것인즉 그가 너희를 우리 손에 붙이시리라."_{삼상 17:45-47}

시험을 두려워하지 말자.
그것이 시험이든지, 시련이든지
아니면 유혹이든지
그것은 하나님의 백성들에게는
전혀 문제가 되지 않는다.

다윗이 골리앗에게 나갈 수 있었던 비결이 무엇인가? 그것은 하나님의 말씀, 이스라엘과 맺으신 하나님의 언약의 말씀을 기억했기 때문이었다.

승리하는 삶을 살 수 있는 가장 강력한 무기는 말씀이다

우리가 이 세상을 살아가면서 승리하는 삶을 살 수 있는 가장 강력한 무기는 말씀이다. 예수님께서 광야에서 시험을 받으신 이 이야기는 하나님의 말씀이 얼마나 우리의 강력한 무기가 되는가를 보여 주고 있다. 고린도후서 10장 4절에 보면 "우리의 싸우는 병기는 육체에 속한 것이 아니요 오직 하나님 앞에서 견고한 진을 파하는 강력이다."라는 말씀이 있다. 우리의 무기는 칼, 창 그리고 단검이 아니다. 힘은 우리의 무기가 될 수 없다. 우리의 무기는 오직 하나님의 말씀이다. 하나님의 말씀만이 고린도후서 10장 5절 말씀과 같이 "모든 이론을 파하고 모든 생각을 사로잡게 할 수 있다."

창세기 3장에 기록된 아담과 하와가 선악과를 따먹은 사건은 여러 면에서 마태복음 4장에 기록된 예수님이 광야에서 시험 받으신 사건과 대비가 된다. 바울도 로마서에서 이 두 사건을 서로 연결시키면서 설명하고 있다. 이 두 사건의 공통점이 무엇인가? 먼저 둘 다 사단의 시험을 받았다는 것이다. 앞장에서도 이야기했지만 시험은 피할 수 없는 것이다. 그러나 시험을 두려워하지 말자. 그것이 시험이든지, 시련이든지 아니면 유혹이든지 하나님의 백성들에게는 전혀 문제가 되지 않는다. 그 모든 것들은 우리를 더 강하게 만들기 위해 거쳐야 할 하나의 과정에 지나지 않는다. 신자에게는 시련은 있을 수 있지만 실패는 있을 수 없다. 넘어지거나 쓰러질 수는 있다. 그러나 우리는 이 모든 과정을 통해서 더 강해지는 것이다.

선악과 사건과 세 가지 시험의 공통점과 차이점

요한일서 2장 16절에 보면 우리가 세상에서 부딪히는 유혹의 영역이 크게 세 가지가 있다고 말한다. "이는 세상에 있는 모든 것이 육신의 정욕과 안목의 정욕과 이생의 자랑이니" 육신의 정욕이란 무엇인가? 방탕하려는 욕구이다. 안목의 정욕이란 소유욕을 말하며, 이생의 자랑은 명예를 말한다. 마태복음 4장에 기록된 사단의 시험의 내용이 무엇인가? 첫째, 돌이 떡이 되게 하라는 것이다. 이것은 육신의 정욕을 말한다. 둘째, 하나님의 아들이라면 뛰어내리라는 것이다. 이것은 이생의 자랑이다. 셋째, 자기에게 절하라는 것이다. 이것은 안목의 정욕이다.

그런데 창세기에서 첫 인류가 당했던 시험도 예수님의 시험과 동일한 주제들이었다. 창세기 3장 6절을 보면 "여자가 그 나무를 본즉 먹음직하고 보암직하고 지혜롭게 할 만큼 탐스러운지라."라고 기록되어 있다. '보암직'하다는 것은 안목의 정욕을 말한다. 그리고 '먹음직'하다는 것은 육신의 정욕을 말하고, '지혜롭게 할 만큼 탐스럽다'는 것은 이생의 자랑을 말한다. 그런데 첫 인류였던 아담과 하와는 이 유혹에 넘어갔고, 바울이 로마서에서 자주 사용하는 둘째 아담인 예수님께서는 말씀으로 유혹을 물리치셨다. 마태복음 4장에 보면 "기록되었으되"라는 형식으로 예수님이 사단의 질문에 대답하였던 것을 발견하게 된다. 그런데 처음 인류는 사단의 유혹에 넘어갔다.

사단의 유혹으로부터 승리하는 방법은 무엇인가?

도대체 아담과 하와와 예수님의 다른 점은 무엇인가? 그들은 왜 유혹을 극복하지 못했고 예수님은 유혹을 극복하실 수 있었는가? 이를 위해서는 창세기 3장에 기록된 인류 타락에 관한 이야기를 좀 더 자세히 살펴보아야 한다.

창세기 3장 1절을 보면 뱀은 여자에게 "하나님이 참으로 너희더러 동산 모든 나무의 실과를 먹지 말라 하시더냐?"라고 물었다. 뱀이 여자에게 한 말은 창세기 2장 16-17절에 기록된 하나님의 말씀을 교묘하게 뒤바꾸어 놓은 것이다.

"여호와 하나님이 그 사람에게 명하여 가라사대 동산 각종 나무의 실과는 네가 임으로 먹되 선악을 알게 하는 나무의 실과는 먹지 말라 네가 먹는 날에는 정녕 죽으리라 하시니라."창 2:26, 17

하나님은 인간에게 모든 나무의 실과는 먹을 수 있지만 선악을 알게 하는 나무의 실과는 먹지 말라고 하셨다. 그런데 사단은 이 사실을 왜곡해서 하나님이 모든 나무의 실과를 먹지 말라고 하셨냐고 살짝 뒤틀어 놓은 것이다. 이것이 사단의 방법이다. 사단은 늘 광명한 천사의 모습으로 가장해서 우리에게 다가온다. 이단들도 성경말씀을 교묘하게 뒤틀어서 성도들을 유혹한다. 사단의 유혹으로부터 이기는 방법이 무엇인가? 그것은 말씀뿐이다.

간혹 이단을 만나면 피하라고 하는 말을 듣는다. 이단은 피할 것이 아니라 우리가 맞서서 가르치고 변화시켜야 한다. 사단도 마찬가지이다. 피해서는 안 된다. 그런데 왜 피해 가라고 하는가? 준비가 되지 않았기 때문이다. 이단을 이길 논리적인 준비가 되지 않았으니까 피하라고 하는 것이다. 오늘날 교회에서 말씀을 가르치는 것을 너무 소홀히 하는 경향이 있다. 청년들도 말씀을 듣는 것보다 교회에서 일하는 것에 더 많은 관심을 기울이고 있다. 일만 하다 지쳐버리는 마르다가 되지 말자.

영국에 어느 한인교회의 목사님이 계시는데 그분은 교인들을 말씀으로 양육하지 않고 주중 교제 리그를 통해서 교회를 유지하고 있었다. 주중에 골프를 치러 다니고, 관광지를 안내하고, 그리고 오고 가는 길에 사람들 이야기만 한다. 그래서 교회에는 "~라 카더라."라는 소문만 무성하고, 그러다 보니 사람들의 신앙뿐만 아니라 삶이 황폐해져 갔다. 이것은 교회의 올바른 모습이 아니다. 교회는 다른 사람을 걱정하는 척하면서 뒷이야기를 하는 곳이 아니라 하나님의 말씀을 배우는 곳이다. "뜻이 하늘에서 이루어진 것처럼 땅에서도 이루어지는 것"이 우리의 소원이라면 하나님의 뜻을 아는 것이 우리의 최우선 관심사가 되어야 한다.

하나님의 말씀이 우리의 가장 강력한 무기이다

시편 119장 105절은 "주의 말씀은 내 발의 등이요, 내 길의 빛이나이다."라고 했다. 하나님의 말씀은 우리가 어떻게 살아야 할지, 무엇을 해야 할지를 가르쳐 준다. 간혹 예언과 같은 말로 성도들을 현혹하는 사람들이 있다. 성경이 무엇인가? 성경은 계시이다. 계시는 '드러냄'reveal이라는 영어 단어에서 나왔다. 칼빈은 "하나님은 무한하시고 인간은 유한해서 하나님이 자신을 우리들에게 알려 주시지 않는 한 인간은 하나님을 알 수 없다."고 했다. 그 무한하신 하나님이 자신을 우리에게 알려 주시기 위해서 자신을 우리의 이해 구조 속에 낮추어 주신 것이 계시이다.

하나님은 유한한 인간이 하나님의 뜻을 알 수 있도록 우리에게 성경 말씀을 허락해 주셨다. 성경 외에 우리가 하나님의 뜻을 알 수 있는 방법은 없다. 물론 우리가 다른 이들과의 관계 속에서 혹은 기도 중에 하나님의 뜻을 알기도 하지만 그 모든 것들은 성경의 최종 승인을 받아야 한다. 기독교는 점쟁이의 종교가 아니다. 미래에 대해서 궁금해 하지 마라. 기독교는 설명의 종교가 아니라 약속의 종교이다. 설명은 또 다른 설명만을 요구할 뿐이다. 하나님을 점쟁이로 축소시키지 말자.

성경에는 이 세상을 향한 하나님의 계획이 기록되어 있다. 또 어떤 삶을 사는 것이 올바른 삶인지 기록되어 있다. 사자들이 어린 양과 뛰노는 세상을 만드는 것이 우리가 할 일이며 과부와 고아의 억울함을 풀어 주고, 공의가 물처럼 정의가 하수처럼 흐르게 하는 것이 우리가 해야 할 일임을 가르쳐 주고 있다. 이 세상이 힘의 원리가 아닌 사랑과 섬김, 자기희생의 원리로 움직여져야 함을 이야기하고 있다. 우리의 삶의 우선순위가 하나님과 이웃 그리고 그 다음이 우리 자신임을 말하고 있다. 복음은 나를 과시하는 것이 아니라 남을 위해서 나를 낮추는 것임을 가르쳐 주고 있다.

시편 기자는 말한다. "이에 그들이 그 고통 때문에 여호와께 부르짖으

매 그가 그들의 고통에서 그들을 구원하시되 그가 그 말씀을 보내어 그들을 고치시고 위험한 지경에서 고치시는도다."시 107:19-20

우리의 삶에 어려움이 있는가? 무엇이 우리로 하여금 어려움을 극복하게 하는가? 하나님의 말씀이다. 우리가 심한 고통 중에 있을 때, 시험 가운데 있을 때, 육체가 질병 중에 있을 때, 심한 낙망 가운데 있을 때 우리를 인도하고 치유하는 것은 바로 하나님의 말씀이다.

미국 캘리포니아California 연안에 위치한 몬트레이Monterey라는 곳은 오랜 기간 동안 펠리컨Pelican들의 천국이었다고 한다. 어부들은 그물로 잡은 물고기들을 건지다가 작은 물고기들은 그대로 갯벌에 내던졌는데 이렇게 버려진 고기들이 펠리컨들의 먹이가 되었다. 그래서 이곳에 서식하는 펠리컨들은 먹이를 위해서 특별한 수고를 하지 않아도 쉽게 먹을 것을 구할 수 있었기 때문에 고기를 잡는 방법을 점점 잊어버리게 되었다.

그런데 언제부터인가 어부들이 던져버리던 작은 물고기들이 상업적으로 이용되기 시작하면서부터 펠리컨들이 주워 먹을 만한 물고기들이 갯벌에서 자취를 감추게 되었다. 그러나 펠리컨들은 여전히 버려진 물고기를 찾기 위해서 갯벌을 헤매고 있었다.

시간이 지나가면서 몬트레이의 펠리컨들은 한두 마리씩 죽어가기 시작했다. 이렇게 펠리컨들이 죽어가자 어부들은 죽어가는 펠리컨을 살리기 위해 멀리 떨어진 다른 곳에서 살던, 먹이를 스스로 구할 수 있는 펠리컨들을 수입하여 풀어놓았다. 새로 온 펠리컨들은 바다에 풀려나자마자 능숙하게 먹이를 잡기 시작했다. 그리고 이러한 모습을 본 몬트레이의 펠리컨들도 열심히 뛰어다니며 물고기를 잡기 시작했다고 한다.

나는 어리석은 펠리컨의 이야기가 다른 사람들이 던져 주는 음식을 먹는 것에 익숙해져 영혼의 양식을 스스로 구하기에는 이미 게을러진 오늘날 우리의 모습과 유사하다는 생각을 한다. 기독교는 한마디로 성경의 종교이다. 성경만이 그리스도인들의 삶과 신앙에 있어서 유일한 표준이 된다. 종교개혁자들이 목숨을 버리면서까지 붙잡고자 했던 것이 바로 '오직 성경'이다. 그러나 오늘날 우리들의 모습은 어떠한가? 입으로는 성경을 말하면서도 실제로는 성경과 상관없는 삶을 살아가지는 않는가? 단지 펠리컨처럼 일주일에 한 번 던져지는 말씀을 먹는 것에 만족하며 살아가지는 않는가?

"노 바이블, 노 브랙퍼스트"No Bible, No Breakfast

래너드 왕Lennard Wang, 1898-1975이라는 사람의 자서전에 보면 "노 바이블, 노 브랙퍼스트"No Bible No Breakfast라는 말이 있다. 그는 평생 이 말을 좌우명으로 삼고 이것을 실천하며 살았다고 한다. 특별히 그는 성경을 하루에 열 장씩 읽었는데 아침에는 시편을 다섯 장1개월에 1독, 그리고 하루 중 신약 두 장1년에 3독과 구약 두 장1년에 2독을 읽고, 하루를 마무리하는 시간에 잠언을 한 장1개월에 1독씩 읽었다고 한다. 아침에 시편을 읽으면서 하나님께 찬양을 드리고, 잠언을 묵상하면서 생활의 지침을 삼았던 그의 삶은 오늘 우리에게 좋은 귀감이 된다고 생각한다.

정말 이기고 싶다면, 승리하는 삶을 살고 싶다면 하나님의 말씀을 읽자. 하나님의 말씀만이 우리의 유일한 힘이다.

우리가 빛의 자녀답게 살아가는 것, 그것이 하나님을 인정하는 것이다.

10장

신자는 하나님만
경배해야 합니다

마귀가 또 그를 데리고 지극히 높은 산으로 가서 천하만국과 영광을 보여
가로되 만일 내게 엎드려 경배하면 이 모든 것을 네게 주리라 이에 예수
께서 말씀하시되 사단아 물러가라 기록되었으되 주 너희 하나님을 경배
하고 다만 그를 섬기라 하였느니라. 마 4:8-10

　왜 공관복음서는 공통적으로 예수님이 사역을 시작하는 그 시점에 예
수님께서 광야에서 시험을 받으신 이야기를 언급했을까? 단지 우리에게
예수님이 광야에서 시험을 받았다는 사실을 전하기 위해서 기록하였다고
보기에는 이 이야기가 복음서에서 차지하는 비중이 너무 크다는 생각이
든다. 그렇다면 도대체 왜 복음서 저자들은 어떻게 보면 우리와 아무런
상관이 없는 듯이 여겨지는 예수님의 시험에 관한 이야기를, 그것도 예수
님의 사역 초기에 기록해 놓았을까? 이것을 통해서 그들이 우리에게 주고
자 하는 메시지는 무엇일까?

왜 마태는 예수님이 사역을
시작하는 그 시점에서
다른 이야기보다
예수님께서 광야에서
시험을 받으신 사건에 대해서
먼저 이야기했을까?

특별히 이것과 관련하여 우리가 주목해야 할 점은 이 이야기가 예수님
의 탄생과 같이 '예수님이 어떤 분인가'를 말하기 위해서 기록된 것은 아
니라는 것이다. 만약 이것이 예수님의 메시아 되심이나 예수님의 신성을
이야기하는 것이라면 예수님의 탄생 이야기나 예수님의 신성 혹은 메시
아 되심을 나타낼 때 인용하는 구약의 본문들이나 혹은 최소한 그런 암시
를 주는 구절이 인용되어야 했다. 그런데 본문에 나오는 구약의 인용문들
은 그러한 말씀들과는 거리가 멀다.

첫 번째 시험에 대한 대답으로 인용한 신명기 8장 3절의 "너를 낮추시
며 너로 주리게 하시며 또 너도 알지 못하며 네 열조도 알지 못하던 만나
를 네게 먹이신 것은 사람이 떡으로만 사는 것이 아니요 여호와의 입으로
나오는 모든 말씀으로 사는 줄을 너희가 알게 하려 하심이니라."와 두 번
째 시험에 대한 대답으로 인용한 신명기 16장 17절의 "너희가 맛사에서 시
험한 것과 같이 너희의 하나님 여호와를 시험하지 말고 너희 하나님 여호
와께서 너희에게 명하신 명령과 증거하신 규례를 지키고"라는 말씀은 예
수님의 신성이나 그분의 메시아 되심과는 거리가 멀다. 이 구절들은 모세
가 가나안 입성을 앞두고 이스라엘 백성들을 재무장시킬 때 한 설교에서
인용한 것이다. 세 번째 시험에 대한 대답으로 예수님께서 인용한 말씀도

신명기 6장 13절로 이 점에 있어서는 앞선 두 구절과 다르지 않다. 예수님께서 신명기를 인용하셔서 사단의 질문에 대해 대답을 하신 이유가 무엇일까? 바로 여기에 앞서서 던졌던 질문, "왜 복음서 저자는 예수님의 시험에 관한 기록을 공통적으로 그것도 예수님의 사역이 시작하는 그 중요한 시점과 연관시켜서 언급하였는가?"에 대한 대답이 있다고 본다.

왜 예수님은 신명기를 인용하셨을까?

신명기는 이스라엘 백성들이 사십 년이라는 긴 시간 동안 광야 생활을 마치고 가나안 입성을 목전에 두었을 때 요단 동편에서 모세가 이스라엘 백성들에게 훈계한 내용을 기록한 책이다. 신명기에 기록된 세 개의 긴 설교1:6-4:13; 4:44-26:19; 27:1-28:68를 통해서 모세는 그들이 왜 광야에서 사십 년간을 헤매야 했는지 그 이유를 설명하고, 하나님의 말씀에 순종하는 것이 약속의 땅에 들어가는 조건임을 역설하고 있다. 이런 맥락에서 보면 신명기는 이스라엘 백성들의 정체성을 확립시키는 책이라고 볼 수 있다. 신명기의 이러한 특성을 잘 아셨던 예수님께서는 사단이 질문할 때마다 신명기를 인용하면서 대답하신 것이다.

사단은 예수님의 신성에 대해서 도전하는 것이 아니다

여기서 우리가 또 한 가지 생각해 보아야 할 것이 있다. 그것은 사단이 예수님의 신성에 대해 도전하고 있는 것이 아니라는 점이다. 예수님은 참 하나님이시자 참 인간이시다. 사단은 자신이 예수님의 신성에 대해 도전

할 수 없음을 분명히 알았다. 예를 들어보자. 마태복음 8장에 보면 예수께서 가다라 지방에 가셨을 때 귀신들린 자가 먼저 예수님을 알아보고 "하나님의 아들이여!"^{마 8:29}라고 소리를 지르는 내용이 나온다. 사단은 예수님이 누구인지 잘 알았고, 그분의 능력도 알았다. 그래서 예수님과 대결할 생각을 하지 않았다. 가다라 지방에서 있었던 귀신들도 이러한 힘^{power}에 대한 분명한 인식 속에서 "우리를 괴롭게 하지 마시고 저 돼지들에게로 보내 주소서."^{눅 8:28}라고 말한 것이다. 따라서 광야에서의 사단의 유혹은 예수님의 신성이 아닌 인성, 그분의 인간적인 측면들을 집중적으로 공격한 것이다.

이 시험은 예수님의 인성人性과 관련한 것이다

이제 우리는 왜 복음서 기자들이 광야 시험을 예수님의 사역 초기에 기록했는지 그 이유를 발견하게 된다. 그것은 이 시험이 예수님의 왕 되심이나 메시아 되심에 관한 것이 아니라 주님의 인성에 관한 것이라는 점이다.

창세기 3장에 기록된 아담과 하와가 선악을 알게 하는 나무의 열매를 따먹은 사건은 여러 면에서 마태복음 4장에 기록된 예수님이 광야에서 시험을 받으신 사건과 대비가 된다고 말했다. 그런데 예수님은 처음 인류였던 아담과 하와처럼 이 유혹에 넘어가지 않고 승리하실 수 있었다. 어떻게 그것이 가능했는가? 그것은 자신이 누군가에 대한 분명한 인식이 있었기 때문이다. 예수님은 사단의 도전이 자신의 정체성에 대한 것임을 너무도 잘 알고 계셨다. 그래서 구약의 본문들 가운데 특별히 정체성을 강조하는 신명기를 인용해서 사단의 질문에 대답하신 것이다.

> 하나님을
> 하나님으로 인정하는 것,
> 이것이 온전한 경배이다.

신명기는 이스라엘 백성들의 삶의 정체성과 밀접한 관계가 있다

신명기에서 모세가 이스라엘 백성들에게 강조하는 것이 무엇인가? 그것은 한마디로 말하면 "하나님을 경외하라, 하나님을 경배하라."이다. 그리고 이것이 이스라엘 백성들의 삶의 정체성이라는 사실을 모세는 강조하고 있다. 모세는 이스라엘 백성들은 '하나님을 경외하고 경배하는 사람들'이라고 말하고 있다. '경외, 경배'라는 말은 히브리어로 '아바드'abad이다. 이 단어는 종을 나타내는 '에베드'ebed에서 나왔다. 따라서 '아바드'라는 말은 종이 주인의 권위를 인정하고 엎드린다는 말이다. 오늘 우리가 사용하는 예배, 경배가 바로 여기에서 나왔다.

무엇이 예배인가? 무엇이 경배인가? 그것은 하나님이 누구인지 알고 그분을 인정하는 것이다. 하나님이 어떤 분인지, 하나님이 내 삶 속에서 어떻게 역사하시는지를 아는 것, 이것이 경배이다. 하나님을 내 삶 속에서 하나님으로 인정하는 것, 이것이 온전한 경배이다. 하나님이 내 삶의 주인임을 입술이 아니라 삶으로 인정해야 한다. 십일조를 드린다고 하나님께 복을 받는 것은 아니다. 십일조는 복의 조건이 아니라 하나님을 인정하는 것이다. "지금 내가 가진 것들, 내가 소유한 것들, 이것은 하나님께서 나에게 주신 것입니다. 그것을 내가 인정합니다. 당신이 주신 것 다 드려야 하

> 우리가
> 빛의 자녀답게 살아가는 것,
> 그것이
> 하나님을 인정하는 것이다.

지만 그중에 십분의 일을 하나님께 돌려 드립니다."라고 고백하는 것, 이것이 십일조이다. 내가 힘들게 번 돈인데 아깝다고 생각된다면 그것은 하나님을 인정하지 않는 것이다.

학교와 직장에서도 마찬가지이다. 바울이 우리를 "선한 일을 위해서 지으심을 받은 자들"엡 2:10이라고 불렀다고 이미 말한 바 있다. 앞서 말했던 것처럼 선한 일이란 단지 좋은 일이 아닌 '살리는 일'이다. 그리스도인은 하나님께서 우리를 사람을 살리는 일로 부르셨음을 자각하고, 남들에게 희망을 주는, 회복시키는 삶을 살아가야 한다. 바울도 사랑과 선행을 격려하기 위해서 모이는 곳이 교회라고 말하고 있다. 교회는 사랑과 선행을 격려하는 곳이다. 참소하는 것, 수군거리는 것, 이것은 교회의 모습이 아니다. 교회는 서로를 세우고 격려하는 곳이다. 그리고 성도들의 삶도 다른 사람들에게 희망을 주고, 격려하고, 세워 주는 삶이 되어야 한다. 이것이 크리스천의 모습이다.

또한 마태복음 5장 16절도 "이같이 너희 빛을 사람 앞에 비치게 하여 저희로 너희 착한 행실을 보고 하늘에 계신 너희 아버지께 영광을 돌리게 하라."고 함으로써 우리의 삶속에서 하나님을 나타내야 한다고 말한다. 우리는 빛의 자녀들이다. 빛은 어두움과 구별된다. 우리가 빛의 자녀답게 살아가는 것, 그것이 하나님을 인정하는 것이다. 빛의 자녀답게 살아가는 방법에는 많은 것이 있지만, 나는 그 중 하나의 방법이 누구에게 이야기해도 부끄럽지 않을 말과 행동을 하는 것이라고 본다. 그리스도인은 하나님을 예배하는 사람이다. 하나님을 경배하고, 인정하는 사람들이다. 이것이 그리스도인의 삶의 절대적인 특성이다. 우리는 내 뜻을 펼치기 위해서 신앙생활을 하는 것이 아니라 하나님의 뜻을 이루기 위해서 신앙생활을 하는 것이다.

왜 예수님은 신명기를 인용할 때 뒤에서부터 인용하셨을까?

사단은 우리들이 하나님을 인정하지 못하도록 물질을 통해서, 명예를 통해서 흔들고 있다. 흥미로운 사실은 예수님이 첫 번째 질문에 대한 대답으로 신명기 8장 3절, 두 번째 대답으로는 7장 16절, 그리고 세 번째 대답으로는 6장 13절을 인용하셨다는 점이다. 왜 예수님은 신명기를 인용할 때 앞에서부터 순서대로 인용하지 않고 뒤에서부터 인용하셨을까? 모세는 신명기에서 "하나님을 경외하는 것을 삶의 최우선 순위로 두어라. 하나님이 네 삶을 인도하신다는 것을 의심하지 마라. 먹고 마시는 것은 다 하나님이 해결해 주신다."라고 설교하였다. 즉 신명기는 "하나님을 경배하라, 하나님을 시험하지 마라, 사람이 떡으로만 사는 것이 아니라 하나님의 말씀으로 사는 것이다."라는 구조로 기록되었다.

그런데 사단은 그 근본이 되는 하나님을 인정하는 것을 나중으로 밀어놓고 역순으로 사람들에게 가장 시급하게 다가오는 문제인 먹고 마시는 것, 그리고 명예를 앞에 내세운다. 기독교인의 정체성은 하나님을 경

배하는 것으로부터 나온다고 했다. 하나님과 맺는 올바른 관계가 우리가
이 세상에서 형통하는 비결이다. 그런데 사단은 물질이 먼저다. 명예가
먼저다. 그 다음에 신앙이라고 함으로써 그 순서를 바꾸어 놓은 것이다.

믿음으로 살고자 하는 사람들이 갖는 고민 가운데 하나가 '내가 이렇
게 말씀대로 살았을 때 세상 사람들보다 뒤처지고 손해를 보는 것은 아닌
가?'일 것이다. 사실 신앙대로 살고자 할 때 세상 사람들과 비교해서 참 많
이 손해를 보는 것 같다. 시간적으로도, 물질적으로도 손해인 것은 맞다.
그렇다면 도대체 신앙으로 살아가는 것이 나에게 무슨 이득이 될까? 신앙
으로 사는 사람은 처음에는 손해인 것 같고 경쟁에서 뒤처지는 것 같지만
마지막에 가서는 결국 승리한다. 신명기는 말씀대로 살아가는 것이 승리
하는 삶이라는 것을 말하고 있다. 모세의 유언도 승리에 대한 약속이다.

얼마 전까지 실패에 실패를 거듭하던 그들이 승리한 비결은 무엇인가?

신명기는 유대 역사 가운데 하나의 전환점을 이루는 책이다. 출애굽
한 이후 이스라엘 백성들은 끊임없는 불순종과 실패를 경험했다. 그들의
불순종에도 불구하고 하나님은 이스라엘 백성들을 인도하셨다. 그런데
여호수아서에 와서 그들의 삶이 180도 달라졌다. 승리하는 삶을 살기 시
작했다. 얼마 전까지 실패에 실패를 거듭하던 그들이 승리한 비결이 무
엇인가? 하나님을 내 삶의 주인으로 인정했기 때문이었다. 나는 우리가
하나님을 하나님의 자리에 올려드리고, 그리스도를 내 삶의 중심으로 모
셔 들이고, 성령의 인도함을 받는 삶을 살기를 원한다. 이것이 승리의 비
결이다.

마태복음 4장 8-9절을 보자. "마귀가 또 그를 데리고 지극히 높은 산으로 가서 천하만국과 그 영광을 보여 가로되 만일 내게 엎드려 경배하면 이 모든 것을 네게 주리라." 사단은 "하나님을 섬기지 말라."고 하지 않았다. 단지 "이 세상을 주겠다."고 말했다. 무슨 말인가? "나를 인정하라. 그러면 나도 네게 그에 상응하는 대가를 주겠다."는 것이다. 하나님을 섬기지 말라는 것이 아니다. 하나님도 섬기고 나도 섬기라는 것이다. 어떻게 우리가 하나님을 섬기고 다른 것도 섬길 수 있는가?

과거 이스라엘이 실패한 이유

나는 바알 숭배에서 그 한 예를 본다. 이스라엘 백성들은 단 한 번도 하나님을 부인한 적은 없다. 당시 이스라엘 백성들은 바알과 하나님 사이에 조금씩 양다리를 걸쳐 놓고 살았다. 즉 바알도 섬기고 하나님도 섬겼다. 어떻게 유일하신 하나님을 섬기던 그들이 바알도 함께 섬길 수 있었는가? 당시 사람들은 각 족속마다 그들의 신이 있다고 생각했다. 이스라엘 백성은 원래 유목민이었다. 그런데 그들이 가나안에 정착하면서 문제가 발생하기 시작했다. 즉 유목민의 하나님은 산지에서나 그들을 돌볼 수 있지, 농경지에서는 영향을 줄 수 없다고 생각한 것이다. 따라서 농경이라는 환경의 변화는 그들에게 영적인 위기를 가져다 주었다. 이제까지 그들이 섬기던 하나님은 이곳에서는 아무런 영향을 끼치지 못한다고 생각한 것이다. 그래서 그들은 농사를 주관하는 신神인 바알을 섬기기 시작했다.

이러한 이스라엘의 모습은 오늘 우리의 그것과 너무도 흡사하다고 생각한다. 교회에서 섬기는 신이 따로 있고, 일터에서 가정에서 섬기는 신이 따로 있다. 성경에서 말하는 원리들은 우리들의 일상 속에서는 영향을 끼칠수 없다고 생각하고 세상의 원리대로 살아가고 있는 것이 오늘 우리의 부끄러운 모습이다. 이스라엘 백성들이 실패한 원인이 바로 여기에 있었다.

하나님을 경외하는 것이 성공의 비결이다

이러한 사실을 잘 알고 있던 모세는 신명기에서 하나님을 경외하는 것이 그들의 본분이고 또한 인생의 성공의 비결임을 역설하고 있다. 모세는 그의 설교를 통해 지난 사십 년간의 광야 생활을 언급하면서 그들이 실패할 수밖에 없었던 이유와 그럼에도 불구하고 실패한 그들을 포기하지 않으시고 이곳까지 인도하셨던 하나님의 성실하심을 말하고 있다. 모세는 지난 사십 년의 역사를 통해서 자신들이 실패한 이유가 하나님을 경외하지 않았기 때문임을 뼈저리게 느꼈다. 그래서 하나님을 경외하는 것이 약속의 땅에 들어가는 비결이고, 하나님을 경외하는 것이 우리가 이 세상에서 승리하는 삶을 살 수 있는 필요충분조건임을 역설했다. 그리고 바로 이러한 신명기의 특성 때문에 예수님께서는 신명기를 인용하신 것이다.

신자는 하나님을 섬기는 사람들이다. 하나님을 하나님으로 인정하는 사람들이다. 하나님을 내 삶의 주인으로 고백해야 한다. 하나님의 주권을 인정해야 한다. 하나님께서 교회 뿐만 아니라 세상에서도, 학교와 직장에서도 동일하게 역사하심을 믿어야 한다. 그분께서 내 삶 속에서 역사하실 것을 기대하자. 예수님은 이 사건을 통해서 우리에게 하나님을 인정할 것을, 하나님을 내 삶의 주로 고백할 것을, 다른 어떤 것도 내 삶의 주인이 될 수 없음을 이야기하고 계신다.

11장

믿음의 눈으로
세상을 해석하라

마귀가 또 그를 데리고 지극히 높은 산으로 가서 천하만국과 영광을 보여
가로되 만일 내게 엎드려 경배하면 이 모든 것을 네게 주리라 이에 예수
께서 말씀하시되 사단아 물러가라 기록되었으되 주 너희 하나님을 경배
하고 다만 그를 섬기라 하였느니라. 마 4:8-10

영국인들이 하는 말 가운데 개와 고양이의 차이를 잘 설명하는 말이
있다. 개는 주인이 자신에게 먹이를 줄 때 먹이를 주는 주인을 신神으로
여긴다고 한다. 주인이 신으로서 자신의 필요를 공급해 준다고 믿기 때문
이다. 그래서 주인에게 충성한다는 것이다. 반면에 고양이는 개와는 달
리 주인이 자신에게 음식을 주는 것은 자기가 신神이기 때문이라고 생각
한다고 한다. 그래서 주인이 자신에게 음식을 주는 것을 너무나도 당연하
게 여긴다는 것이다. 고양이를 데리고 산책하는 사람을 보았는가? 개는
가능하지만 고양이는 불가능하다. 개는 사람의 말을 듣는다. 가라고 하면
가고 오라고 하면 온다.

혹시 보비bobby라는 개에 대해서 들어 보았는가? 스코틀랜드Scotland의 수도인 에딘버러Edinburgh에 가면 그레이프라이어Greyfrires 교회가 있다. 이 교회에는 보비라고 불렀던 개의 무덤과 동상이 있다. 이것은 자신의 주인인 그레이Grey가 1858년 2월 15일 결핵으로 죽고 난 이후에도 십사 년 간이나 주인의 무덤 곁에서 지내다 죽은 개 보비를 기념하기 위해서 만든 것이다.

보비의 이야기에서 볼 수 있듯이 개는 주인에게 절대적인 충성을 보이는 것으로 잘 알려져 있다. 오늘날 영국에서 경찰을 부를 때 사용하는 '속어'슬랭, slang인 '보비'도 이 보비에서 나왔다.

그런데 고양이는 그렇지 않다. 자기가 가고 싶으면 가고 오고 싶으면 온다. 고양이는 개와는 달리 주인에게 의존적이지 않다.

나는 이 이야기를 통해서 해석의 중요성을 본다. 똑같이 주인의 음식을 먹으면서 하나는 주인을 신으로 생각하고 다른 하나는 자신을 신으로 생각한다는 사실은 우리들에게 같은 사물을 보아도 해석에 따라서 그 결과가 엄청나게 달라진다는 것을 가르쳐 준다.

"인디아나 존스 3"Indiana Johns Ⅲ라는 영화에서 주인공인 해리슨 포드Harrison Ford가 학생들에게 "고고학은 사실을 연구하는 학문"이라고 말하는 대사가 나온다. 그러나 고고학은 사실에 대한 학문이 아니라 해석에 관한 학문이다. 역사라고 하는 것이 객관적인 것 같지만 그 역사를 해석하는 사람의 관점에 따라서 각각 그 해석이 달라진다. 사관史觀이 바로 이러한 역사에 대한 해석의 기능을 말하는 단어이다. 이러한 점에서 보자면 "이 세상에는 사실에 대한 해석들이 존재할 뿐이다."라는 포스트모던postmodern 학자들의 말이 부분적으로는 일리가 있다고 본다.

이 세상에서 일어나는 모든 일은 가치중립적이라고 할 수 있다. 그리고 그 일들은 누군가의 해석을 필요로 하고 있다. 토마스 쿤Thomas Kuhn, 1922-1996이라고 하는 학자가 『과학혁명의 구조The Structure of Scientific Revolutions』라는 책에서 패러다임paradigm이라는 말을 처음 사용하였다. 패러다임이란 우리가 세상을 보는 방식을 말한다. 그런데 이 패러다임은 어느 날 갑자기 형성된 것이 아니라 자기가 처한 환경, 경험, 학습 등을 통해서 오랜 기간 동안 형성된 것이다. 오늘날 출간되는 많은 자기개발이나 경제, 경영에 관한 책들을 보면 '패러다임 시프트paradigm shift, 패러다임의 전환'의 중요성이 상당히 많이 강조되고 있다.

그런데 흥미로운 사실은 많은 사람들이 패러다임 변화의 필요성을 느끼면서도 실제로는 변하지 않는다는 것이다. 그것은 현재 우리가 가진 패러다임이 하루 이틀에 형성된 것이 아니라 오랜 기간 동안의 나의 경험을 통해서 축적되었기 때문이다. 사람이 패러다임을 바꾸려면 자신의 경험을 넘어서야만 가능한 것이기 때문에 쉽지 않은 일인 것이다. 사람이 잘 안 바뀐다는 말이 아마도 이런 이유 때문에 나온 것 같다.

성경은 우리들이 세상을 보는 방식을 교정시켜 준다

지난 2008년 북경올림픽경기에서 수영 400미터와 200미터 경주에서 각각 금과 은메달을 땄던 박태환 선수가 1500미터 예선에 참석했을 때 대부분의 한국인들은 그가 최소한 동메달은 딸 것이라고 생각했다. 그 누구도 그가 예선에서 탈락할 것이라고는 상상하지 못했다.

그런데 막상 경기가 시작되자 그는 우승권에서 점점 멀어지더니 급기

야는 예선 탈락을 하고 말았다. 사람들은 그가 예선에 탈락한 것에 엄청난 충격을 받았다. 그러나 시합 후에 박태환 선수와 코치가 한 인터뷰를 듣고서 사람들은 그가 예선에서 탈락한 이유를 알게 되었다. 그 이유는 단거리용 근육과 장거리용 근육이 다른데 박태환 선수는 이번 올림픽을 앞두고 단거리용 근육만을 단련시킨 데 있었다.

단거리 선수가 장거리 시합에서 성공하려면 장거리 근육을 단련해야지 단거리 근육만 열심히 키운다고 되는 것이 아니다. 단련시켜야 할 근육을 바꾸는 것, 이것이 패러다임의 전환이다.

혹시 무엇인가를 열심히 하는데도 잘 안 된다고 생각하는 사람들이 있는가? 그렇다면 지금까지 자신이 고집해 온 방법을 바꾸어야 한다. 이런 면에서 성경은 우리들에게 참 중요하다. 성경은 우리들이 세상을 보는 방식을 교정시켜 준다. 성경은 유한한 인간들로 하여금 인생을 전체적인 관점에서 바라보게 한다. 그리고 역사의 목적과 그 안에서 살아가는 우리들의 삶이 어떠해야 하는가를 보여 준다.

교회의 주요한 사명 가운데 하나가 세상을 해석하는 일이다

패러다임은 우리가 세상을 해석하는 방식이라고 했다. 그렇다. 성경이 우리가 세상을 해석하는 방식이다. 오늘날 많은 일들이 일어난다. 그리고 그 각각의 일들은 해석을 필요로 하고 있다. 사람들은 세상에서 일어나는 일들에 대한 해석을 원한다. 누군가로부터 그들이 경험하는 일들에 대한 설명을 듣고 싶어 한다. 나는 교회의 주요한 사명 가운데 하나가 바로 세상을 해석하는 일이라고 본다. 그런데 언제부터인지 교회는 세상

> 사람들이 세상을
> 해석하지 못하기 때문에
> 갈피를 못 잡고 살아간다.

을 설명하는 기능을 상실해 버렸다.

잠언 29장 18절을 보면 "묵시가 없으면 백성이 방자히 행하거니와 율법을 지키는 자는 복이 있느니라."라는 말씀이 있다. 히브리어를 보면 '묵시'를 '비전'vision이라고 말하고 있다. 비전이란 무엇인가? 비전은 꿈이 아니다. 비전은 무엇을 바라보는 것, 즉 관점을 말한다. 따라서 여기서 말하는 묵시란 말은 우리가 세상을 바라보는 혹은 세상을 해석하는 관점을 의미한다.

그런데 성경은 묵시가 없을 때 방자히 행한다고 말한다. 방자히 행한다는 말은 사람들이 방자하게, 갈피를 못 잡고 살아감을 말한다. 이것은 정답을 모르는 학생들이 제멋대로 답을 쓰는 것에 비유할 수 있다. 답을 알면 정답에 표시를 한다. 답을 모르니까 엉뚱한 답을 쓰는 것이다. 묵시의 기능, 비전의 기능이 바로 그것이다. 사람들이 방자하게, 갈피를 못 잡고 살아가는 이유는 그들이 세상을 해석하는 관점에 없기 때문이다.

이러한 사실을 강조하기 위해서 잠언 기자는 묵시가 없으면 사람들이 방자히 행한다는 말 뒤에 "여호와의 율법을 지키는 자는 복이 있다."라는 말을 첨가시켰다. 왜 저자는 "여호와의 율법을 지키는 자는 복이 있다."는 말을 첨가시켰을까? 그것은 하나님의 말씀이 세상을 보는 관점을 제공해 주기 때문이다. 하나님의 말씀을 통해 세상을 보는 관점을 발견했기에 갈피를 못 잡고 살아가는 사람들과는 달리 우리가 가야 할 길, 해야 할 일을 행할 수 있다는 것이다. 이것이 잠언 28장 19절의 의미이다. 즉 사람들이 세상을 해석하지 못하기 때문에 방자하게 살아가고 있는데, 그것을 해결할 수 있는 방법은 율법을 지키는 것, 다른 말로 하면 성경이 우리에게 보여 주는 그 해석을 따라서 살아가는 것이라는 점을 잠언 기자는 강조하고 있다.

오늘 우리가 당면한 위기는 세상에 대한 해석이 없다는 것이다

오늘날 이 세계에는 묵시가 없다. 구약의 선지자들은 지속적으로 사건들을 해석했다. 그리고 예수님의 사역도 사람들에게 그들이 경험하는 일들을 해석해 주는 것이었다. 마태복음 5장부터 7장에 기록된 산상설교가 그 대표적인 예이다. 예수님은 산상설교에서 지속적으로 "너희가~하는 것을 들었으나 그러나 나는 너희에게 말한다."라는 표현으로 사람들에게 사건 혹은 그들이 경험하는 일들을 해석해 주셨다. 그런데 이러한 예수님의 해석은 사람들에게 충격을 주었다.

"왼손이 하는 일을 오른손이 모르게 하라. 오 리를 같이 가고자 하면 십 리를 같이 가라. 겉옷을 달라고 하면 속옷을 주라. 남에게 대접을 받으려 하지 말고, 먼저 남을 대접하라. 원수를 사랑하라. 보물은 이 땅에 쌓는 것이 아니라 하늘에 쌓아 두는 것이다. 우리는 권력이 있는 자나 유력한 자의 친구가 아니라 세리와 창기 그리고 가난한 자와 같이 그 사회 속에서 소외된 사람들의 친구가 되어야 한다."

> 진정한 복이란
> 하나님을 통해서 우리의
> 인생을 새로운 관점으로
> 바라보는 것이다.

이러한 예수님의 메시지는 이전에 전혀 자신들이 경험하지 못한 것이었다.

오늘날 세상에 대한 교회의 해석이 예수님의 해석과 같이 세상 사람들에게 충격으로 다가가는지 자문해 본다. 사람들이 교회에 대해서 비판하는 주요한 요인 가운데 하나는 교회가 세상을 해석하는 기능을 상실한 데에 있다고 본다. 아니, 교회가 세상을 해석하기는 하지만 교회가 보여주는 해석이 세상이 갖고 있는 해석보다 열등하다고 느끼기 때문이다.

나는 이런 면에서 우리의 책임이 크다고 본다. 성경이 우리에게 보여주는 세상을 읽는 방식을 모르기에 우리가 그것을 보여 주지 못하고 있다. 세상을 해석해야 할 교회가 세상에 해석을 제공하기는커녕 세상의 해석 방식이 오히려 교회를 잠식시키고 있다. 많은 교회 지도자들이 세상을 해석해야 하는 자신의 직분을 망각하고 권력 앞에 고개를 숙이고, 부와 명예를 좇고 있다.

얼마 전 한국인의 행복지수와 기준에 대한 기사를 보았다. 기사의 내용은 우리나라의 행복지수가 전에 비해서 상당히 낮아졌고, 행복의 기준으로 돈을 꼽았다는 것이다. 무엇이 행복인가? 돈이 우리들에게 행복을 가져다 줄 수 있을까? 이번 통계가 보여 주는 흥미로운 사실 가운데 하나는 개인 소득은 높아졌는데 행복지수는 오히려 낮아졌다는 것이다. 찰스 디킨스Charles Dickens 의 『크리스마스 캐럴A Christmas Carol 』이라는 소설에 나오는 스크루지Scrooge 의 이야기를 알 것이다. 이 이야기는 행복이 돈의 많고 적음에 있는 것이 아니라 삶의 의미에 달려 있음을 우리들에게 가르쳐 준다. 어떻게 해야 우리가 행복해질 수 있을까? 성경은 이와 관련해서 무엇을 가르쳐 주는가? 시편 1편은 진정한 복이란 하나님을 통해서 우리의 인생을 새로운 관점으로 바라보는 것이라는 사실을 가르쳐 주고 있다.

왜 마태는 예수님의 시험에 관한 이야기를 먼저 기록했을까?

예수님이 광야에서 받으신 시험도 마찬가지이다. 마태는 이 사건을 통해서 우리가 세상을 바라보는 패러다임을 교정할 것을 이야기하고 있다. 특별히 나는 '마태가 예수님의 사역을 시작하는 시기에 왜 예수님의 시험에 관한 이야기를 먼저 기록했을까?'라는 질문을 던져본다. 이것을 이해하려면 '마태가 복음서를 기록했을 때 염두에 두었던 독자들이 어떤 사람이었는가?'를 알아야 한다.

마태는 AD 70년경에 유대인 크리스천들을 염두에 두고 자신의 복음서를 기록했다. 당시 크리스천들은 그 사회 속에서 소수였다. 그래서 그들이 붙들고 있는 예수 그리스도라는 복음의 가치는 로마의 그것에 비해서 초라하게 느껴졌고, 그리고 유대인들이 가지고 있던 전통에 비해서도 보잘것없게 보였다. 생각해 보라. 바울이 로마서에서 지속적으로 내가 이 복음을 부끄러워하지 않는다고 왜 말하는가? 그것은 그리스도인들 가운데 어떤 이들이 복음을 부끄러워했기 때문이다. 예수 그리스도의 복음은 당시 로마가 보장해 줄 것 같은 번영을 약속해 주지 못하는 것처럼 보였다.

바로 이러한 상황 속에서 있는 마태는 그리스도인들에게 자신들이 붙들고 있는 가치가 얼마나 중요한가를 보여 주기 위해서 이 복음서를 기록한 것이다.

마태가 묘사하는 예수님은 어떤 분이신가?

마태복음이 묘사하고 있는 예수는 왕이신 예수이다. 이것을 보여 주기 위해서 그는 1장에서 그분이 무너진 다윗의 왕가를 잇는 분이라는 사실을 예수님의 족보를 통해서 보여 주었다.

그런데 그 왕은 우리들이 일반적으로 생각하는 것처럼 역사의 무대에 화려하게 등장하지 않았다. 그는 여인숙의 마구간에서 태어났을 뿐만 아니라 태어나자마자 헤롯 왕을 피해 이집트로 도망가야 했다. 그리고 오늘 우리가 본문에서 살펴본 것처럼 광야에서 시험을 받아야 했다. 이러한 예수님에 관한 이야기는 요즘 우리가 소위 말하는 혜성같이 등장한 스타의 모습과 너무 다르다.

우리들도 예수님과 같은 왕이 될 수 있다

그러나 베들레헴의 어느 마구간에서 초라하게 태어나신 그 예수님은 무너진 다윗의 왕가를 회복하는 왕이 되셨다. 이것이 마태가 이 복음서를 기록한 목적이다. 그렇게 함으로써 마태는 당시 사회에서 소수로 살고 있던 유대 그리스도인들에게 그들이 처한 환경에 압도당하지 말고 주님께서 걸어가셨던 동일한 길을 걸어가면 우리들도 주님과 같은 왕이 될 수 있다는 사실을 강조하는 것이다. 이것이 마태복음의 주요한 메시지이다.

생각해 보라. 그 시기에 살았던 사람들 가운데 예수 그리스도의 복음이 거대한 로마를 뒤집을 것이라고 생각한 사람이 얼마나 되었겠는가? 그러나 마치 이 세상에 심긴 작은 겨자씨처럼 보잘것없고 초라하게 시작되었던 하나님 나라의 복음은 큰 나무가 되어서 로마를 바꾸어버렸다. 그리고 마태는 자신의 복음서 맨 마지막 장에서 스스로 볼품없다고 느끼던 그들에게 "모든 민족을 품으라."고, 이것이 너희의 본질이라고 강조하고 있다.

정말 성경말씀대로 살면 세상에서 실패할까?

나는 오늘 우리가 처한 상황이 그 당시의 크리스천들과 너무 유사하다고 본다. 오늘날 사람들에게 우리가 가진 복음이 참으로 보잘것없이 보이기 때문이다. 어느 포털 사이트의 '아고라'라는 곳에 들어가 보면 수많은 사람들이 우리가 가진 복음이 마치 열등한 것인 양 손가락질하고 있다. 세상은 우리들에게 자신이 가진 힘, 권세, 능력들을 보여 주면서 성경의 가르침대로 살면 성공할 수 없다고 우리를 유혹한다. 그리고 마치 사단이 온 세상을 영광을 보여 주며 내게 절하라고 했던 것처럼, 나의 가치를 받아들이면 너도 이 세상에서 번영할 수 있다고 말한다.

그런데 많은 크리스천들은 성경의 가치, 성경이 우리에게 보여 준 세상을 해석하는 방식을 가지고는 세상에서 성공할 수 없다고 생각하고 세상의 가치를 받아들이고 있다.

작은 자를 사용하시는 하나님

마태는 바로 이런 상황 속에서 살아가는 그리스도인들에게 말한다.

"사람이 떡으로만 사는 것이 아니다. 떡이, 물질이 우리의 행복의 기준이 될 수 없다. 명예를 위해서 살아가지 말라. 그것이 우리에게 행복을 보장해 주지 못한다. 권력에 속지 마라. 우리가 살아가는 것은 살아계신 하나님, 역사의 주인이신 하나님을 경배하기 위함이다. 이것이 우리가 세상에서 승리하는 비결이다. 세상과 맞장 떠야 한다. 그러기 위해서는 세상의 논리가 아닌 복음의 논리를 가져야 한다. 성경의 세계에 들어와라. 그리고 성경이 너희들에게 무엇이라고 말하는지 들어봐라. 너는 모든 민족을 제자로 삼을 사람이다. 너는 소수자가 아니다. 지금 너는 스스로가 '나는 이렇게 작고 초라한데….'라고 생각할 수 있다. 그러나 우리의 삶이 어떠해야 하는지 친히 몸으로 보여 주셨던 그 주님을 봐라. 나귀 타고 초라하게 예루살렘에 입성하셨던 그 주님이 역사를 호령하고 계시지 않느냐?"

인생은 패러다임의 싸움이다

예수님이 광야에서 받으신 시험, 이것은 패러다임에 관한 시험이었다. 사단은 예수님에게 자신의 패러다임이 더 좋다고 그럴듯하게 포장을 했다.

마태가 예수님의 사역을 기록하면서 광야에서 시험받으신 이야기를 기록한 이유가 바로 여기에 있다. 인생은 패러다임의 싸움이다. 지속적으로 말하지만 성경은 우리의 관점을 변화시킨다.

한국대학생선교회의 『사영리』라는 소책자를 보면 기독교인이 가져야 하는 삶의 원리 가운데 제1원리를 "하나님은 당신을 사랑하시며 당신을

> 세상과 겨루어서
> 승리하기 위해서는
> 세상을 이길 논리가
> 있어야 한다.

위한 놀라운 계획을 가지고 계신다."라고 말한다. 그렇다. 하나님이 나를 위해 놀라운 계획을 가지고 계신다. 현재 내 모습과 처지가 어떠하든 그 것은 중요하지 않다. 우리를 위한 놀라운 계획을 가지고 계신 그 주님의 초청에 "아멘"으로 응답하자.

그런데 문제는 성경이 아무리 패러다임에 대해서 이야기해도 우리가 그것을 듣지 못하면 소용이 없다는 것이다. 그래서 성경은 "믿음이 들음 에서 난다."롬 10:17고 말한다. 성경에서 가르쳐 주는 관점, 패러다임으로 세상을 바라보려면 먼저 성경을 읽어야 한다. 세상과 맞장 뜨기 위해서는, 세상과 겨루어서 승리하기 위해서는 세상을 이길 논리가 있어야 한다. 그 것이 바로 성경이다.

하나님을 경배하는 것은 바로 하나님을 하나님으로 인정하는 것이라 고 했다. 하나님을 하나님으로 인정하자. 이스라엘과 블레셋과의 전쟁에 서 하나님의 이름이 만홀히 여김을 받았던 것은 블레셋의 거인 장수 골리 앗 때문이 아니었다. 하나님의 말씀이 골리앗을 이길 수 없다고 스스로 생 각하고 무서워 벌벌 떠는 이스라엘 군사들 때문이었다.

우리에게 왕이 있다

예수 그리스도의 복음이 세상을 이길 수 없다고 생각하는가? 우리의 현실은 마치 골리앗 앞에 서 있는 유대인들과 같다. 그러나 낙담하지 마라. 우리에게 왕이 있다. 그 왕은 우리들과 같이 연약한 가운데 있었지만 그 모든 것을 극복하셨다. 우리도 그와 같이 이 세상을 복음으로 뒤집어 놓을 수 있다.

두려워하지 말자. 먹고 마시고 입는 것도 걱정하지 말자. 우리가 성경이 우리에게 보여 주는 패러다임으로 세상을 바라본다면 우리가 모든 족속을 제자 삼을 사람이라는 사실을 자각하기만 하면 되는 것이다. 믿음이 이긴다. 주 예수를 믿는 믿음이 이긴다.

하나님을 경배한다는 것은
삶의 현장에서 하나님을 인정한다는 것,
즉 하나님의 방법대로 살아가는 것만이
승리의 길임을 고백하는 것이다.

12장

신자는 예수님처럼
살아야 합니다

마이 웨이 My Way

얼마 전 사랑의 교회 국제제자훈련원에서 기독교 미술가들이 모여서
포럼을 개최했다. 일 년에 한 차례씩 화가들이 모여서 자신들이 하는 작업
들을 학문적으로 점검하고 그 결과물들을 책으로 발간하는 포럼인데 나
는 지난해부터 이 학회에 참여하고 있다.

발표가 끝난 후 한 사람이 내게 "기독교 미술가들에게 하고 싶은 말이
있다면 한 마디만 해 달라."고 부탁했다. 예술적 재능도 없고, 현장에서 활
동하지 않는 사람이 무슨 말을 할 수 있었겠는가? 그래서 "신학자보다는
목회자로서 이 질문에 대답을 하겠다."고 전제한 후, 앞에 이야기한 토끼
와 거북이의 경주 이야기를 했다.

"거북이가 토끼에게 이길 수 없음을 알고도 경주에 임한 것은 자신이
정한 목표, 자기가 가야 할 그 길을 걸어가기 위해서였다. 그래서 거북이
는 자신이 토끼에게 뒤쳐져 있다고 낙망해서 경기를 포기하지 않고, 또 토

끼가 잠들었다고 방심하지 않고 묵묵히 자신의 길을 간 것이다. 나는 이것이 오늘 크리스천들이 가져야 할 소명의식이라고 본다."

예레미야 1장 5절은 이렇게 말한다.

"내가 너를 복 중에 짓기 전에 너를 알았고 네가 태에서 나오기 전에 너를 구별하였고 너를 열방의 선지자로 세웠노라."

하나님은 우리가 이 세상에 태어나기 이전에 이미 우리를 아셨고, 우리가 어떤 사람이 될지, 어떤 일을 해야 할지를 구별하셨다. 나는 이것이 우리가 가져야 할 소명의식이라고 본다.

다윗은 시편 16장 6절에서 자신의 인생을 회고하면서 "하나님께서 내게 줄로 재어 주신 기업은 아름다운 곳에 있다."고 고백했다. 나는 이것이 오늘 우리가 가져야 할 자신의 삶에 대한 인식이라고 본다.

우리는 모두 하나님의 부르심을 받고 하나님을 섬기는 사람들이다

우리는 모두 하나님의 부르심을 받고 하나님을 섬기는 사람들이다. 오늘 우리가 이 자리에 있는 것은 우연이 아니다. '나의 나 됨'은 하나님으로부터 주어진 것이라는 소명의식이 있어야 한다. 하나님이 나를 이곳으로 부르셨다는 믿음이 없으면 우리가 하는 일에 의미나 보람을 찾기 어렵다. 우리가 살아가는 것은 부, 명예 혹은 권력을 얻기 위해서가 아니라 나를 이곳에 인도하신 하나님의 부르심에 응답하기 위해서이다. 지금 내가 하고 있는 일이 하나님의 일이다. 우리에게 이런 의식이 있다면 나를 남과 비교하지 않을 것이고, 비교의식에서 오는 상실감도 극복할 수 있을 것이다.

예수님은 과거 아담이 그리고
광야에서 이스라엘 백성들이
지금까지 한 번도 이겨보지 못했던
싸움에서 승리함으로 우리도
이 싸움에서 승리할 수 있다는 사실을
가르쳐 주신다.

효율성 때문에 하나님의 소명을 의심하지 말자

운전을 하다보면 이런 경험을 하게 된다. 가끔 출퇴근 시간과 같은 경우에는 도로가 꽉 막혀 차들이 도무지 움직이지 않는다. 그러면 나는 그때마다 우회도로를 선택하면서 운전을 한다. 우회전했다가 차가 막히면 다시 또 방향을 틀고, 좌회전하고 그리고 또 막히면 다시 다른 방향으로 돌려서 간다. 처음부터 조금의 장애나 빈틈이 없이 꼭 내가 가려고 하는 그 방향으로 가는 것은 아니다. 상황에 따라 길은 바뀌지만 그것이 목적지에 도달하는 것을 방해하지는 않는다. 너무 인생을 일직선으로만 가려고 하지 말자. 내가 가는 길이 막혔다고 내가 목적지에 도달하지 못하는 것이 아니다. 방향을 바꾸면 된다. 일직선으로 가면 좋겠지만 그렇지 않아도 상관은 없다. 상황이 변한다고 해서 그것이 우리가 목적지에 도달하는 것을 막지 못한다는 사실을 알아야 한다. 하나님의 부르심에 응답한다는 것은 목표를 향해서 가는 것이지 일직선으로 간다는 말은 아니다. 효율성 때문에 하나님의 소명을 의심해서는 안 된다.

계속해서 예수님께서 광야에서 받으신 시험에 대해 살펴보자. 예수님께서 시험을 받으신 사건이 우리에게 어떤 의미가 있을까? 지속적으로 강조하지만 예수님의 시험에 관한 이 이야기는 우리의 정체성과 관련하여 대단히 중요한 의미가 있다. 예수님은 과거 아담이 그리고 광야에서 이스라엘 백성들이 지금까지 한 번도 이겨보지 못했던 싸움에서 승리하심으로 우리들도 이 싸움에서 승리할 수 있다는 사실을 가르쳐 주고자 하셨다. 이것이 예수님께서 이 세상에 오신 목적이었다. 예수님은 무너진 당신의 나라를 회복하러 오셨다. 그리고 하나님의 나라를 회복하는 이 일에 우리를 동역자로 불러 주셨다. 우리는 각각 우리가 하는 일들을 통해 이 땅에 하나님의 나라를 회복하는 일에 동참하게 되는 것이다.

이 사건이 예수님의 사역과 관련하여 어떤 의미를 갖는가?

지금까지 나는 마태복음 4장 1-11절에 기록된 시험 사건을 "마태의 복음서를 읽었던 1세기 유대 크리스천들과 그리고 오늘을 사는 우리들에게 던져 주는 의미가 무엇인가?"라는 관점에서 살펴보았다. 이 장에서는 그 관점을 조금 바꾸어서 "이 사건이 예수님의 사역과 관련하여 어떤 의미를 갖는가?"에 대해서 살펴보려고 한다.

마태가 예수님의 공적인 사역을 앞두고 이 사건을 기록한 이유 가운데 하나는, 이 사건이 앞으로 이루어질 예수님의 사역의 성격을 보여 주기 때문이었다. 예수님은 "돌이 떡이 되게 하라."는 사단의 유혹에 대해 "사람이 떡으로만 사는 것이 아니라 여호와의 입에서 나오는 말씀으로 사는 것이다."라고 말씀하심으로써 "나는 떡을 위해 일하지 않는다. 떡이 내가 추구하는 인생의 목표가 아니다. 내가 살아가는 유일한 이유는 먹고 마시는 것이 아니라 나를 이곳에 보내신 하나님의 뜻을 위해서이다."라는 것을 분명히 보여 주고자 하셨다.

렘브란트의 나사로의 부활(The Raising of Lazarus, Rembrandt van Rijn, circa 1630). Gift of H. F. Ahmanson and Company, in memory of Howard F. Ahmanson. Photograph © Museum Associates / LACMA

렘브란트Rembrandt, 1606-1669라는 화가가 있었다. 그는 네덜란드의 대표적인 화가로서 살아 있을 때 수많은 종교화를 그렸다. 그는 자신의 예술적 재능을 성경을 통해 계시하시는 하나님의 음성을 그 시대 사람들에게 드러내는 도구라고 생각했다. 그래서 그는 떡을 위해서 자신의 재능을 사용하지 않고, 그 시대를 향한 하나님의 말씀을 보여 주기 위해 사용했다. 이것이 그가 종교화가 쇠퇴하던 시대를 살아가면서도 성경을 주제로 한 그림을 계속적으로 그릴 수 있었던 이유였다. 렘브란트가 그렸던 수많은 성경을 주제로 한 작품들은 후원자의 요구에 의해서 제작된 것이 아니었다. 그는 소형 판화의 판매수익금으로 생활하면서 하나님의 뜻을 드러내기 위해 자신의 예술을 사용하였다. 그가 열악한 조건에도 불구하고 성경적인 주제를 평생 놓지 않았던 이유는 자신의 재능을 하나님이 주신 귀중한 은사로 여겼기 때문이었다.

렘브란트의 "나사로의 부활"Raising of Lazarus이라는 그림은 이러한 그의 의도를 잘 보여 준다. 이 그림은 예수님께서 죽은 나사로를 향해 "나사로야, 나오너라."라고 말씀하셨던 그 순간을 묘사한 것으로, 그림 속에서 예수님은 오른손을 든 채 입을 벌리고 계신다. 그리고 나사로는 온 몸이 수의로 둘러싸인 채 무덤에서 나오고 있다. 이 그림이 흥미로운 것은 작가의 관심이 이야기의 주인공인 예수님이나 나사로가 아닌 그 장면을 바라보고 있는 사람들에게 집중되어 있다는 것이다. 그래서 작품의 주제를 드러내는 환한 빛이 나사로의 주변 사람들을 비추고 있는 것을 알 수 있다.

이러한 작업을 통해서 그는 죽은 자를 살리시는 예수님에 대해 우리들이 과연 어떠한 반응을 보여야 하는가를 질문하고 있다. 다시 말하자면 그는 이 작품을 통하여 예수님의 사역에 대한 사람들의 믿음의 반응을 강조합으로써 종교 개혁가들의 '믿음에 의한 칭의'의롭게 됨를 그려내고 있다. 하나님께서 우리에게 허락하신 재능은 먹고 살기 위해서가 아니라 하나님의 뜻을 이루기 위해서라는 것을 직접 자신의 삶을 통해 보여 준 렘브란트의 모습은 우리에게 많은 것을 생각하게 한다. 우리가 하는 일, 그것은 하나님의 뜻을 이루기 위해서이며, 단순히 떡을 만들기 위함이 아니라는 것을 알아야 한다.

욕구가 충족되면 행복해질까?

오늘날 많은 사람들이 자신들의 욕구가 충족되면 행복할 것이라고 말한다. 그리고 일반적으로 사람들은 부와 명예 그리고 권력으로 자신을 채우려 한다. 영국의 어떤 초콜릿광고를 보면 초콜릿이 구매자를 향해 "나를 먹어봐!(bite me, bite me)"라고 유혹하는 대사가 나온다. "나를 먹어봐! 그러면 너는 만족할 수 있어." 이것이 현대 문화가 우리에게 주는 메시지이다. 세상은 우리에게 부, 명예 혹은 권력으로 채우라고 말한다. 채워지기만 한다면 우리가 행복해질 수 있다고 말한다. 그런데 부를 축적하고 권력욕에 사로잡히고 차고 넘치는 물질적 소유에 집착하는 것으로는 우리에게 있는 결핍의 감정이 채워지지 않는다.

어떤 자매들은 스트레스를 받으면 쇼핑을 즐긴다. 그런데 정말 쇼핑이 우리의 스트레스를 해소시키는가? 아니다. 일시적으로 없어질 수는 있지만 그것이 내 내면에서 일어나는 근본적인 욕구를 채워 주지는 못한다. 이해인 수녀는 자신의 시집에서 이야기한다. "마시면 마실수록 갈증이 나고, 먹으면 먹을수록 배가 고프고, 소유하면 소유할수록 더 결핍을 느낍

> 예수님은
> 일시적인 쾌락을 넘어선
> 심오한 기쁨을 주는
> 영원히 목마르지 아니하는
> 영원한 생수이시다.

니다." 공허와 결핍은 오늘날 현대문화를 특징짓는 말이다. 미술관에 가 보아도 수없이 쏟아지는 작품들이 공허와 결핍에 대해서 말하고 있다.

현대문화의 특징 : '구타당한 뒤 한 달 후…'

낸 골딘Nan Goldin, 1953-이라는 작가가 1984년에 만든 "구타당한 뒤 한 달 후"라는 사진이 센세이션을 일으킨 적이 있다. 이 사진은 남자친구에게 폭행을 당한 어떤 여인의 얼굴을 찍은 것으로, 사진에 등장하는 여인은 퍼렇게 멍이 든 눈과 삐뚤어진 코 그리고 입술은 터진 모습이다. 나는 도대체 왜 이 사진이 사람들에게 주목을 받았는지 이해할 수 없었지만, 아마도 그것은 이 사진이 오늘날 현대인들의 어떤 특성들을 보여 주었기 때문이라고 생각한다. 현대인들은 처음 만날 때는 서로를 향한 욕망이 불일듯 일어나다가 시간이 지나면서 그 욕망이 식어지면 결국 서로에게 상처만 준다는 메시지를 전하고 있다. 시편 저자는 말한다. "훼방이 내 마음을 상하여 근심이 충만하니 긍휼히 여길 자를 바라나 없고 안위할 자를 바라나 찾지 못하였나이다."시 69:20 나는 이 말씀과 같이 오늘날 우리의 모습을 잘 대변하는 말씀이 없다고 본다.

예수님은 수가 성 야곱의 우물에서 물을 긷던 여인에게 "네가 추구하는 것은 너를 일시적으로 만족하게 만들 수 있을지 모르지만 너에게 지속적인 만족과 행복을 줄 수는 없다. 그러나 내가 주는 물은 네가 지금까지 추구하던 것과 달라서 이 물을 먹는 사람은 영원히 목마르지 않는다."요 4:14라고 말씀하셨다. 야곱의 우물가에서 물을 긷던 여인은 남편이 다섯이나 있었지만 만족을 얻지 못했다. 예수님은 이 여인에게 이 남자 저 남자의 품으로 옮겨 다니는 것을 통해서는 결코 만족을 얻을 수 없다고 말씀하신 것이다. 인생의 만족은 생수이신 예수님을 통해서만 얻을 수 있다. "나는 생수다." 예수님은 일시적인 쾌락을 넘어선 심오한 기쁨을 주는 영원히 목마르지 않는 영원한 생수이시다. 우리는 영원히 목마르지 않을 기쁨을 위해 살아가는 것이다.

요한복음 6장 33절에서 예수님은 또한 "나는 생명의 떡이다. 내게 오는 자는 결코 주리지 아니할 것이다."라고 말씀하셨다. 우리의 삶을 풍요롭게 하는 것은 떡이 아니라 생명의 떡이신 예수님이시다. 광야 사십 년의 생활 속에서 그들이 먹었던 떡과 만나는 일시적인 만족감을 줄 뿐이었다. 우리가 살아가는 것은 일시적인 충족감을 해결해 주는 어떤 것을 위해서가 아니다. 이스라엘의 광야 생활은 조건이 사라지면 기쁨도 사라지는 생활이었다. 예수님은 조건을 초월하고 환경을 초월하는 기쁨이 되신다.

우리가 진정으로 추구해야 할 것은 무엇인가?

이 사실은 우리가 추구해야 할 것이 먹고 나면 다시 배고프고, 마시고 나면 다시 목마르는 물질이나 소유, 그리고 욕망과 같은 것이 아니라 하

> 그리스도인들은
> 자신이 아니라
> 하나님을 드러내기 위해서
> 살아가는 사람들이다.

나님의 뜻이어야 함을 가르쳐 주고 있다. 예수님은 돌을 떡으로 만들라는 사단의 요구에 대해 우리가 추구할 것은 떡이 아니라 하나님의 말씀임을 분명히 밝히셨다.

우리가 무엇을 하든지 던져야 할 질문이 있다. 그것은 왜 이 일을 해야 하는지why와 무엇을 위하여 하는지What, 그리고 그것을 어떻게 할 것인지how이다.

먼저 '왜'why 내가 이 일을 해야 하는지 물어야 한다. 하나님의 영광 때문인가 아니면 먹고 마시고 입는 것 때문인가? 둘째로는 '무엇'what을 위함인지 물어야 한다. 하나님의 영광을 이루기 위해서 나는 이 일을 하고 있는가? 그리고 마지막으로 '어떻게'how 그 일을 이룰지를 물어야 한다. 날마다 이러한 질문들을 우리 자신들에게 던져야 한다.

또한 예수님께서는 "네가 하나님의 아들이거든 성전에서 뛰어내려 보라."는 사단의 질문에 대해서 "하나님을 시험하지 말라."고 하심으로써 당신의 삶의 목적이 자신을 드러내기 위해서가 아님을 분명히 밝히셨다. 오늘날 많은 사람들이 자신의 능력을 드러내는 것을 원한다. 자신을 드러내기 위해서 명품도 사고, 좋은 차도 타고, 높은 지위에 올라가기도 한다.

그러나 그것이 궁극적인 추구의 대상이 되어서는 안 된다. 세례 요한은 "그는 흥하여야 하겠고 나는 쇠하여야 한다."요 3:30고 말한다. 이것이 복음이고 신자의 태도이다. 내가 드러나지 않으면 속상하고 힘든 것이 인지상정人之常情이다. 그래서 내가 드러나는 곳에는 사람들이 모이지만 내가 드러나지 않는 섬김과 희생의 수고가 있는 곳에는 사람들이 모이지 않는다.

그러나 그리스도인들은 나를 드러내기 위해서가 아니라 하나님을 드러내기 위해서 살아가야 한다. 이것이 우리가 성도로 살아가는 이유이다. 교회에서 다른 사람이 내 수고와 눈물, 한숨을 알아 주지 않는다고 속상해하지 말자. 내 눈물과 수고와 한숨을 아는 분이 계신다.

하나님을 인정할 때 우리가 높아진다

성경은 하나님을 인정할 때 우리가 높아진다고 말한다. "나를 높이라 그러면 내가 너를 높이 들리라."잠 4:8 나를 내세우려고 하지 마라. 내 자신이 가진 힘을 과시하지 말고, 내가 가진 힘을 악용하지도 말자. 오늘날 교회에서도 소위 말하는 정치를 잘해야 살아남는 풍토가 되었다. 자기가 가진 힘과 인맥 그리고 재물과 같은 것들을 가지고 철저하게 그것을 과시하고 이용하면서 살아간다. 교회에서조차 여러 가지 면에서 연약한 사람이 대접받지 못하고 살아간다면 그것을 교회라고 할 수 있을까?

교회는 소위 힘이 있는 사람이 인정받는 곳이 아니라 원칙을 지키며 살아가는 사람이 인정받는 곳이 되어야 한다. 이것이 하나님 나라이다. 이것이 세상 나라와 다른 점이다. 어떤 목적을 이루기 위해서 우리가 가진 힘들을 부적절하게 이용하거나 자신을 과시하지 말아야 한다. 이것은 신자들의 모습이 아니다.

이 세상에는 내가 걸어가야 할 길이 있다

주님은 자신의 힘을 이용하고 그것을 적당히 과시하면서 살아가라는 사단의 유혹에 대해 하나님을 시험하지 말라고 대답하셨다.

내가 세상을 살아가는 이유는 나를 드러내기 위함이 아니다. 하나님은 내가 나를 드러내지 않아도, 내가 가진 힘과 인맥과 배경을 사용하지 않아도 그분의 계획에 따라서 나의 삶을 인도하신다. 이 세상에는 내가 걸어가야 할 길이 있고, 하나님께서 누구에게나 자신이 걸어가야 할 길을 허락하셨다고 나는 믿는다. 그래서 나는 우리가 '누가 무엇이라고 하던 간에 나는 내 길을 간다.'고 하는 자부심을 가졌으면 한다.

하나님의 나라와 세상 나라는 다르다. 세상 나라는 자신의 힘을 보여 주고 과시한다. 그러나 하나님의 나라는 자신을 드러내는 방법을 통해서 얻어지지 않는다. 만약 그랬다면 예수님께서 베들레헴이 아닌 예루살렘에서 태어나셨을 것이고, 마구간이 아닌 왕국에서 그리고 십자가가 아닌 전쟁을 통해서 이 세상을 회복하시려 하셨을 것이다.

끝으로 예수님은 절하면 네 눈에 보이는 이 세상 모든 것들을 네게 주겠다는 사단의 제안에 대해 "나는 살아계신 하나님만을 경배하겠다."고 하심으로써 당신의 사역이 어떤 방향으로 진행되어야 할지를 분명히 보여 주셨다. 그것은 "부당한 방법으로 내가 원하는 것을 얻지 않겠다."라는 것이다.

이러한 예수님의 삶의 원칙은 우리들에게 대단히 중요한 점을 시사한다. 우리는 빛의 자녀들이다. 어둠의 자녀들이 아니다. 누구와 무엇을 하든지, 언제 어디서 무엇을 하든지 누구에게 말하거나 보여도 부끄럽지 않은 말과 행동을 해야 한다. 뇌물, 리베이트, 청탁, 뒤에서 수군거리고 남을

하나님을 경배한다는 것은
삶의 현장에서
하나님을 인정한다는 것,
즉 하나님의 방법대로 살아가는 것만이
승리의 길임을 고백하는 것이다.

모함하는 일은 하지 말아야 한다. 권력에 굴복하며 살아가지 말자. 명예에 굴복하며 살아가지 말자. 물질에 굴복하며 살아가지 말자. 불의를 기뻐하지 말고 진리 가운데 행하는 사람들이 되자.

신자는 하나님만을 경배하는 사람들이다. 하나님을 인정하는 사람들이다. 하나님의 방법이 최고의 대안임을 인정하는 것, 그것이 하나님을 경배하는 것이다. 직장에서 하나님을 인정하자. 캠퍼스에서 하나님을 인정하자. 가정에서도 하나님을 인정하자. 능하신 하나님, 천지 만물을 말씀으로 창조하시고, 그 만드신 세계를 당신이 원하시는 목적대로 이끌어 가시는 하나님, 참 좋으신 하나님을 인정하자. 참 좋으신 그 하나님이 이 세상과 나를 회복하신다는 사실을 기대하고, 인정하자. 우리 그런 믿음을 갖자.

13장 다시 광야에 서다

광야가 부족함이 없는 것은
그 땅이 비옥해서가 아니었다.
척박한 곳이었지만 하나님께서 함께 계셔서
풍요로운 곳이 된 것이다.

13장

다시
광야에 서다

많은 청년들이 내게 묻는다.

"남들은 다 잘되는 것 같은데 왜 나에게는 이러한 고통이 오나요?"

누구나 다 푸른 초장과 쉴 만한 물가를 원한다. 아무도 힘들고 어려운 삶을 살기를 원하지 않는다. 그런데 현실은 그렇지 않다. 아무리 '잘되는 나'를 외쳐도 잘 안 되는 자신을 본다. 도대체 왜 내게 이런 일들이 일어날까?

성경을 보면서 발견하는 흥미로운 사실은 우리는 잘되는 나를 이야기하고 또 하나님도 우리들이 잘되기를 바라지만 그 잘되는 것에 대한 이해가 다르다는 것이다. 우리가 생각하는 잘되는 것이란 앞에서 이야기한 것과 같이 아픔도 없고, 걱정도 없고, 모든 일들이 생각하는 대로 이루어지는 것이다. 오죽하면 휴대전화 선전에서도 "생각대로 T"라는 카피가 등장했겠는가?

왜 하나님께서는 편안한 해안 길이 아닌 광야 길로 인도하셨을까?

출애굽 한 이스라엘 백성들이 원한 것은 가나안에 도착하기 위하여 해안 길을 가는 것이었다. 그런데 하나님은 그들을 해안 길이 아닌 광야 길로 인도하셨다. 왜 하나님께서 그들을 편안한 해안 길이 아닌 광야 길로 인도하셨을까? 많은 사람들이 이 부분에서 혼란을 느낀다. 하나님은 사랑의 하나님이라고 하고, 또 우리가 잘되기를 바라시는 분이라고 한다. 그런데 왜 그런 하나님께서 이스라엘백성들을 해안길이 아닌 광야로 인도하셨을까?

이 문제에 대답을 하기 위해서는 성경에서 이집트와 가나안이라는 지명이 갖는 상징적인 의미를 살펴보아야 한다. 신명기에서 모세는 이집트와 가나안의 땅을 비교하면서 이스라엘 백성들의 삶이 어떠해야 하는가를 가르치고 있다. 이집트는 어떤 땅이었나? 이집트는 발로 물만 대면 물이 넘치는 물이 풍부한 곳이었다.^{신 11:11} 그리고 롯이 소알 땅을 바라보면서 이집트와 같이 좋은 땅이었다고 묘사할 정도로 이집트는 풍요를 상징하는 곳이었다.^{창 13:10}

그러나 가나안 땅은 그렇지 못했다. 성경에서 가나안 땅을 젖과 꿀이 흐르는 땅이라고 말했지만, 사실 그 땅은 애굽 땅과 달리 비옥한 땅이 아니라 산과 골짜기의 땅이고 비를 흡수하는 땅이었다. 풍요로운 애굽과 다른 결핍의 땅이었다. 이것을 신명기 8장 15절 이하에서 이렇게 이야기한다. "너를 인도하여 그 광대하고 위험한 광야 곧 불뱀과 전갈이 있고 물이 없는 건조한 땅을 지나게 하셨으며"

그렇다면 왜 하나님은 이스라엘 백성을 풍요의 땅이었던 애굽에서 이끌어내어서 사람이 살지 못할 척박한 땅, 하늘에서 내리를 비를 다 흡수

> 광야가 부족함이 없는 것은
> 그 땅이 비옥해서가 아니었다.
> 척박한 곳이었지만
> 하나님께서 함께 계셔서
> 풍요로운 곳이 된 것이다.

해 버리는 구덩이가 가득한 그 땅, 풍요로운 애굽 땅과 다른 결핍의 땅으로 인도하셨을까? 이것은 우리들에게 그리스도인의 삶과 관련하여 대단히 중요한 사실을 가르쳐 준다.

신명기 11장 12절은 그 땅이 비록 산과 골짜기의 땅이고 하늘에서 내리는 비를 흡수하는 땅이지만, 그 땅은 또한 '하나님 여호와께서 권고하는 땅'임을 말하고 있다. 즉 그곳이 척박한 곳이지만 하나님께서 돌보셔서 그 땅이 젖과 꿀이 흐르는 땅이 되게 한다는 것이다. 가나안 땅은 광야와 마찬가지로 결핍의 땅이다. 그런데 그 땅에서 하나님은 풍요로움을 경험케 하신다는 것이다.

이스라엘 백성들은 물도 없고, 전갈과 불뱀의 위험이 있는 곳에서 기적을 체험하며 살았다. 그들은 반석에서 터져나오는 물을 마셨고, 만나와 메추라기를 먹었다. 뿐만 아니라 구름을 그들의 머리 위에 두심으로 광야의 뜨거운 태양빛으로부터 보호해 주셨고, 밤에는 불기둥을 두심으로써 광야의 추위로부터 보호해 주셨다. 그곳이 결핍의 땅이었지만 그들은 지난 사십 년간 부족함 없이 살 수 있었다. 이러한 경험을 통하여 하나님께서는 이스라엘 백성들에게 젖과 꿀이 흐르는 땅이 무엇을 의미하는지를 가르쳐 주셨다. 광야가 부족함이 없는 것은 그 땅이 비옥해서가 아니었다. 그 땅은 척박한 곳, 사람이 살 수 없는 곳이었다. 그러나 그 결핍한 곳에 하나님께서 계시기 때문에 풍요로운 곳이 된 것이다. 그리스도인이 살아가는 곳, 그곳은 옥토가 아니라 광야이다. 우리 하나님은 광야에 길을 내시고, 사막에 샘이 넘쳐흐르고 예쁜 꽃들 피어나게 하시는 분이시다. 이것을 가르쳐 주기 위해서 하나님께서 그들을 광야로 인도하신 것이다.

시편 23편에서 다윗은 이렇게 고백한다. "여호와는 나의 목자시니 내게 부족함이 없으리로다." 다윗이 고백하는 것이 무엇인가? 하나님께서 목자가 되어 주시기 때문에 자신의 삶에 부족함이 없다는 것이다. 다윗의 삶은 사람들이 생각하는 것처럼, 아니, 그가 시편에서 고백하는 것처럼 부족함이 없는 삶이 아니었다. 그는 사무엘을 피해 광야에서 지내야 했고, 심지어는 사울을 피해 적국敵國 블레셋에서 머물러야 했다. 하나님께서 자신을 왕으로 만들겠다고, 그의 삶을 풍요롭게 하시겠다고, 젖과 꿀이 흐르는 땅으로 인도하시겠다고 약속하셨지만 그러나 그가 맞닥뜨려야 했던 현실은 그렇지 않았다. 하지만 그는 그 질곡의 시간들 속에서 자신의 영혼을 소생시키시는 하나님, 광야에서 죽음의 위험 속에서 보호하시는 사망의 음침한 골짜기 속에서도 동행해 주시는 그 하나님을 체험하였다. 광야에서 자신과 함께한 하나님을 체험한 다윗의 고백이 "내가 부족함이 없다."이다.

풍요가 우리를 잘되게 하는 것 아니다

많은 그리스도인들이 무엇이 우리들의 삶을 풍요롭게 하는지, 무엇이 우리를 소위 말하는 '잘되는 나'로 만드는지 모르고 있다. 땅이, 풍요가 우

> 결핍이 은혜이다.
> 그 결핍이 우리로 하여금
> 하나님의 은혜를
> 경험케 하는 것이다.

리를 잘되게 하는 것 아니다. 애굽을 보자. 그 땅은 부족함이 없는 땅, 물이 풍부하고 씨를 뿌리기만 하면 열매를 거둘 수 있는 기름진 땅이었다. 그런데 이곳에서 그들이 이루어 놓은 것이 무엇인가? '이집트' 하면 피라미드Pyramid가 연상이 된다. 이집트인들은 그 풍요의 땅에서 피라미드를 세웠다. 풍요의 땅에 피라미드가 세워졌다는 것은 참으로 많은 것을 시사한다. 피라미드는 죽음을 상징한다. 눈에는 풍요롭게 보이지만 그 속은 죽은 것이다.

풍요 속에 감춰진 이러한 어두운 면을 보여 주는 또 하나의 사례가 아브라함의 조카 롯이 선택한 요단 지역이었다. 롯은 이집트와 유사한 환경이었던 요단을 선택했다.창 13:10 그곳은 아브라함이 지내야 했던 광야보다 훨씬 풍요로운 곳이었다. 그러나 그는 그 땅에서 모든 것을 잃어버리게 된다. 반면에 가나안은 애굽과 달리 부족한 땅이다. 성경은 우리들에게 그 결핍의 장소에서 이스라엘 백성들은 사십 년간 생명을 경험했다는 사실을 가르쳐 준다. 그들은 늘 부족함 가운데 있었지만 단 한 번도 결핍을 느끼지 않고 일용할 양식을 먹고 살았다는 것은 한국교회가 만들어낸 소위 말하는 '잘되는 나'와 같은 신화에 대해서 새로운 관점을 제시한다. 결핍이 실패를 의미할까? 정말 '잘되는 나'가 우리가 추구하는 신앙인의 이상적인 모습일까? '잘되는 나'가 아니라 '광야에서 살아가는 나'가 우리의 이상이 되어야 한다.

오늘날 많은 교회가 애굽의 풍요를 그리고 있다. 많은 그리스도인들이 이집트의 풍부함을 추구하고 있다. 그러나 속지 말아야 한다. 민수기 11장 5절에 기록된 "우리가 애굽에 있을 때에는 값없이 생선과 외와 수박과 부추와 파와 마늘을 먹은 것이 생각나거늘"이라는 말씀과 같이 이스라엘백성들은 늘 애굽의 풍요를 그리워했다. 광야에서 하나님의 인도하심 속에서 부족함이 없이 살았지만 그들은 늘 부족하다고 불평하는 삶을 살았다. 그들은 하나님께서 그들에게 베푸신 은혜보다는 99퍼센트의 은혜보다 1퍼센트의 결핍 때문에 하나님을 원망하며 살았다.

결핍이 은혜인 것을 알아야 한다. 많은 사람들이 신앙을 부적과 같은 것으로 오해하고 있다. 신앙은 모든 것을 해결해 주는 알라딘의 마술램프가 아니다. 사막에서 살게 하고, 내 은혜가 내게 족함을 고백하게 하는 것, 결핍 속에서 내게 부족함이 없다고 고백하게 하는 것, 그것이 신앙이다. 잘되는 나와 같은 신화가 아니라 광야에서 사는 것이 은혜이다. 문제가 없는 삶이 축복 받는 삶이 아니다. 복된 삶은 하나님의 은혜를 날마다 체험하는 삶이다. 만약 우리들에게 어려움이 없다면, 우리가 어떻게 하나님의 은혜를 경험할 수 있겠는가?

언젠가 한 청년이 나에게 이런 질문을 했다. "광야 사십 년간 이스라엘 백성들이 정말 배부르게 먹고 살았나요?" 나는 이렇게 대답했다. "그들이 배불리 먹었는지는 모르겠어. 그러나 그들은 하나님께서 그들에게 필요한 모든 것을 공급해 주셨기 때문에 사십 년 동안 굶주리지 않았어." 중요한 것은 지나치지 않았지만 부족하지도 않았다는 것이다. 하나님께서는 광야 생활 사십 년 동안 그들에게 필요한 만큼만 주셨다. 만나가 그 좋은 예이다. 만나는 하루치의 양식만 거두게 되어있었다. 그날의 양식은 그날에 족했다. 그리고 남은 것은 다음날 아침이 되면 모두 썩었다. 왜 하나님께서 남은 만나는 썩게 하셨을까? 그것은 하나님께서 다음날 그들의 필요를 채워 주실 것이기 때문이었다. 하나님은 만나를 통해서 이스라엘 백성들에게 먹고 마시고 입는 것, 그리고 내일 일어날 일에 대해서 염려하지 말 것을 교훈하셨다.^{마6:31, 34} 하나님께서 우리의 모든 필요를 채우시는 분이라는 사실을 믿지 못하니까 사람들이 불안해 하는 것이다.

얼마 전에 큰 아들의 연골이 파손되어 깨진 연골을 제거하는 수술을 해야 한다는 연락이 왔다. 다리가 아파서 제대로 걷지 못하는 아들의 모습을 생각하니 너무 가슴이 아팠다. 기러기로 사는 것도 힘든데, 아픈 자식에게 아무것도 해줄 수 없는 내가 너무 초라해 보였다. 게다가 연골 제거 수술이라고 하는 것이 박지성의 경우처럼 쉽지 않을 뿐만 아니라 적잖은 비용이 들어가는 것이기도 했다. 그래서 주변 사람들에게 기도를 부탁했다. 그런데 감사하게도 아이가 병원에서 다시 정밀검사를 받았는데 무릎 연골에 이상이 없다는 판명이 나왔다. 그리고 지금은 물리치료를 통해서 많이 회복되고 있다고 한다. 아들의 아픔은 이렇게 나로 하여금 기도하게 한다.

그런데 어떤 경우엔 기도해도 고쳐지지 않는 병들이 있다. 나의 아버님은 뇌혈관의 출혈로 몸에 마비가 와서 1999년 이후 지금까지 집에 누워 계신다. 나 역시도 기도도 많이 했고, 또 치유의 은사가 있다는 사람들도 와서 기도를 많이 하였다. 그런데 아버님은 병세는 호전되지 않았다. 하지만 나는 아버님께서 십 년 이상을 누워 계신다는 것 때문에 하나님의

진정한 복은
물질적 풍요가 아니라
하나님이다.

능력을 의심하지 않는다. 지금도 나는 아버님의 회복을 위해서 기도한다.
병 고침을 받는 것도 하나님의 은혜이지만 그렇지 않은 것도 하나님
의 은혜이다. 바울 역시도 평생 병으로 고통받았다. 그런데 그가 그 고통
속에서 "내 은혜가 내게 족하다. 이는 내 능력이 약한 데서 온전하여짐이
라."고후 12:9라고 고백했다.

병이 고쳐지지 않는 것, 문제가 해결되지 않는 것 믿음이 없어서 그런
것이 아니다. 풍요의 신화에서 벗어나야 한다. 몸이 아픈가? 오히려 그것
때문에 하나님의 은혜를 경험할 수 있음을 알아야 한다. 남들보다 뒤처졌
다고 생각하는가? 인생을 하나의 단면만 보고 판단하지 말아야 한다. 요
셉, 다윗, 다니엘 그들은 모두 남들보다 뒤처진 상태에 있었다. 인생이 뜻
대로 안 된다고 생각하는가? 그 모든 것을 협력하여 선을 만들어 가시는
하나님을 바라보라. 진정한 복은 물질적 풍요가 아니라 하나님이다. 하나
님을 가까이 하는 것이 복이다.

산과 골짜기의 땅에서 이스라엘 백성들은 하나님의 도움이 없이는 단
한순간도 살 수 없음을 깨닫고 하나님께 기도하기 시작하였다. 시편 63편
에서 다윗은 이렇게 기도한다.

"하나님이여 주는 나의 하나님이라 내가 간절히 주를 찾되 물이 없어

마르고 곤핍한 땅에서 내 영혼이 주를 갈망하여 내 육체가 주를 앙모하나이다."시 63:1

물이 없어 마르고 곤핍한 땅이기에 우리가 주를 찾을 수 있는 것이다. 사람은 편하면 하나님을 잊어버리게 마련이다.

나는 우리 모두가 정말 복된 삶을 살기를 원하고, 풍부한 인생이 되었으면 한다. 그러나 그 풍요는 애굽에서 체험하는 것이 아니라 가나안에서 누릴 수 있는 것이다. 애굽에서는 먹을 것을 얻기 위해서 죽도록 수고해야 했다. 그러나 가나안에서는 더 이상 수고하고 무거운 짐을 지지 않아도 우리에게 쉼을 주시는 예수님으로 인하여 우리가 평안함을 얻게 되었다. 무엇을 추구하는가? 애굽인가 가나안인가?

이 책에서 예수님의 시험에 관한 이야기를 다룬 이유가 바로 여기에 있다. 예수님의 시험 이야기는 우리들에게 우리가 추구해야 할 것이 무엇인가를 분명하게 가르쳐 주고 있다. 오늘날 한국교회가 세상 사람들의 지탄을 받고, 또 많은 그리스도인들이 세상 속에서 무기력하게 살아가고 있는 이유는 우리가 본질에 충실하지 못하기 때문이다. 우리가 광야에 나간 이유가 무엇인가? 우리는 화려한 옷을 입은 사람을 보기 위해서 광야로 나가지 않았다. 우리가 광야에 간 이유는 지금부터 이천 년 전에 광야에 서서 사람들의 패러다임을 완전히 뒤바꿔 놓으셨던 나사렛 출신의 목수를 보기 위해서이다. 그리고 그분에게서 우리는 어떻게 해야 인생이라는 광야에서 승리하는 삶을 살 수 있는지를 배우게 된다. 만약 우리가 광야에 서셨던 예수님께서 가르쳐 주신 삶의 원리대로 살아간다면 우리도 그분과 같이 이 광야에 길을 내는 사람들이 될 수 있을 것이다.

후 기

　　예수님께서 사십 일 동안 광야에서 보내셔야 했던 이유는 무엇일까? 그리고 이것이 예수님께서 사단에게 시험 받으신 사건과는 어떤 관계가 있을까? 예수님은 사단의 질문에 왜 신명기를 인용하시면서 대답하셨을까? 마태가 시험 사건을 예수님의 사역 초기에 언급한 이유가 무엇일까? 그리고 이것은 예수님의 공생애 사역과 관련하여 어떤 의미를 가질까?

　　이 책은 이러한 질문들에 대한 대답이다. 처음부터 예수님의 시험에 대해 책을 쓰려는 의도를 갖고 있지는 않았다. 그런데 어느 날 본문을 읽다가 문득 "사단이 예수님께 돌을 떡이 되게 하라고 했을 때 정말로 사단은 예수님께서 그런 능력이 없다고 생각했을까?" 라는 의문이 들었다. 우연히 시작된 이러한 질문은 결국 나로 하여금 본문과 씨름하게 하였다. 그리고 본문을 읽고 또 읽으면서 하나님께서 그 본문을 통해 이 시대를 살아가는 그리스도인들에게 하시고자 하는 말씀이 무엇인지를 찾고자 하였다.

　　학교에서 신학을 가르치는 학자로서 그리고 현장에서 매 주일 복음을 전하는 사역자로서 살아가는 것은 어떤 면에서는 나에게 축복이었다. 사역의 현장은 나로 하여금 신학이 사변으로 흐르지 않고 신학의 목적이 교회를 섬기는 것임을 깨닫게 해주었다. 내가 스스로 이 책의 유익을 언급하는 것이 다소 어색할 수도 있다. 그러나 매 주 쏟아지는 출판물의 홍수 속에서 적어도 이 책이 출판되어야 하는 나름의 당위성을 제공할 필요를 느껴 몇 가지 언급을 하려고 한다.

많은 사람들이 "성경을 어떻게 읽어야 하는가?"에 대해 어려움을 자주 호소한다. 여기에 대한 다양한 대답이 제시될 수 있지만 나는 본문의 문맥을 따라서 읽는 것이 가장 중요하다고 본다. 본문을 읽는 동안 본문이 우리에게 전하고자 하는 메시지가 무엇인가를 계속 고민하면서 질문을 던지다 보면 본문의 의미에 더욱 가까이 다가갈 수 있다. 성경해석에 있어서 제일 중요한 것이 성경 저자의 의도이다. 성경 저자의 의도가 하나님께서 우리들에게 전하는 말씀과 다르다고 한다면 하나님께서 성경 저자들을 사용하시지 않으셨을 것이다. 종교개혁가 칼빈John Calvin, 1509-1599 역 시 성경해석에 있어서 가장 중요한 요소는 성경 저자의 의도The mind of the author라고 말했다.

저자의 의도를 찾는 가장 좋은 방법은 '성경본문을 전후 맥락을 고려하면서 읽는 것'inter-textuality이다. 이 책은 철저하게 본문이 주는 의미를 성경본문 속에서 찾고자 하였다. 물론 필요한 경우에 주석을 참고하기는 했지만 대부분 성경본문 속에서 그 의미를 발견하려고 노력하였다. 그것은 종교개혁자들이 주장한 "오직 성경으로!"라는 믿음에 나도 동의하기 때문이었다. 위에서 언급한 바와 같이 만일 성경이 하나님의 말씀이고, 성령께서 성경을 통해서 말씀하신다면, 누구나 본문을 묵상하는 가운데 그 본문이 주는 의미를 발견할 수 있다고 믿는다. 독자들이 이 책을 읽는 동안 성경을 읽으면서 떠오르는 의문점들을 어떻게 해결해 가는지 그 과정을 이해하게 되고, 이런 과정을 통해 성경의 풍부한 세계 속으로 들어가게 되기를 바란다.

오늘날 출판되는 많은 기독교 저술물들이 세상의 논리나 아이디어들을 통해서 자신들의 주장을 펼치고 성경을 단지 자신의 이야기를 정당화하기 위한 근거로서 이용하는 경향이 있다. 그러다 보니 사람들이 성경보다는 세상의 논리에 더 관심을 기울이고 있다. 마치 성경의 가치가 세상에서 말하는 경영학이나 인간 관계론이나 성공학보다도 열등하게 느껴지는 것이 오늘의 현실이다. 그러나 나는 성경이 우리들의 삶에 유일한 해결책임을 믿는다. 바로 이러한 이유 때문에 본문과 끊임없이 씨름하면서 이 시대가 직면한 문제들에 대한 답을 찾고자 하였다. 만일 이 책 때문에 성경을 읽고자 하는 열망이 생긴다면 내가 이 책을 출판한 목적을 충분히 이루었다고 본다.